LA CHINE ET LE JAPON

ET L'EXPOSITION DE 1878

A LA MÊME LIBRAIRIE

LES PAYS ÉTRANGERS ET L'EXPOSITION DE 1878

Collection de dix-huit volumes in-12 (avec plans et cartes), comprenant l'histoire, la géographie, la statistique des divers pays, la description des œuvres et des produits qu'ils ont exposés.

Prix de chaque volume : 2 francs.

BELGIQUE, par *Clovis Lamarre*, docteur ès lettres, administrateur de Sainte-Barbe.. 1 vol.
AMÉRIQUE CENTRALE ET MÉRIDIONALE, par *C. Lamarre* et *Charles Wiener*, chevalier de la Légion d'honneur, commissaire de l'Exposition. 1 vol.
ANGLETERRE, par *C. Lamarre* et *L. Pajot*, licencié ès lettres, archiviste paléographe.. 1 vol.
AUTRICHE-HONGRIE, par *C. Lamarre*, *Henry Wiener*, secrétaire du Consulat d'Autriche, et *P. Demeny*, attaché au min. de l'Intérieur. 1 vol.
CHINE ET JAPON, par *C. Lamarre* et *Ad. Frout de Fontpertuis*.. 1 vol.
ÉGYPTE, TUNISIE ET MAROC, par *C. Lamarre* et *Ch. Fliniaux*, avocat au Conseil d'Etat et à la Cour de cassation........................... 1 vol.
ESPAGNE, par *C. Lamarre* et *L. Lande*, agrégé de l'Université, ancien élève de l'Ecole normale supérieure, professeur à Sainte-Barbe. 1 vol.
ETATS-UNIS, par *C. Lamarre* et *René de La Blanchère*, ancien élève de l'Ecole normale supérieure... 1 vol.
GRÈCE, par *C. Lamarre* et *marquis de Queux de Saint-Hilaire*, secrétaire de l'Association pour l'encouragement des études grecques..
DANEMARK, par *C. Lamarre* et *Berendzen*, de l'Université de Copenhague... } 1 vol.
INDE BRITANNIQUE, par *C. Lamarre* et *Ad. Frout de Fontpertuis*. 1 vol.
ITALIE, par *C. Lamarre* et *Amédée Roux*............................ 1 vol.
PAYS-BAS, par *C. Lamarre* et *René de La Blanchère*............ 1 vol.
PERSE, par *C. Lamarre*, *Sakakini*, consul de Perse en Italie, et *Pharaon*, chevalier de la Légion d'honneur.................. }
SIAM ET CAMBODGE, par *C. Lamarre* et *Ad. Frout de Fontpertuis*. } 1 vol.
PORTUGAL, par *C. Lamarre* et *G. Lamy*, professeur d'histoire de l'Académie de Paris.. 1 vol.
RUSSIE, par *C. Lamarre* et *L. Léger*, docteur ès lettres, professeur à l'Ecole des langues orientales.. 1 vol.
SUÈDE ET NORVÈGE, par *C. Lamarre* et *L. Gourraigne*, agrégé de l'Université, ancien élève de l'Ecole normale supérieure, professeur au collège Rollin... 1 vol.
SUISSE, par *C. Lamarre* et *Ed. Zévort*, agrégé de l'Université, ancien élève de l'Ecole normale supérieure, professeur au lycée Henri IV. 1 vol.
LA PROPRIÉTÉ INDUSTRIELLE ET LA PROPRIÉTÉ LITTÉRAIRE ET ARTISTIQUE EN FRANCE ET A L'ÉTRANGER, par *Ch. Fliniaux*, avocat au Conseil d'Etat et à la Cour de cassation........................... 1 vol.

Coulommiers. — Typog. ALBERT PONSOT et P. BRODARD.

LES PAYS ÉTRANGERS ET L'EXPOSITION DE 1878

LA CHINE ET LE JAPON

ET L'EXPOSITION DE 1878

PAR

Clovis LAMARRE | F. de FONTPERTUIS

PARIS
LIBRAIRIE CH. DELAGRAVE
15, RUE SOUFFLOT, 15

1878

Tout exemplaire de cet ouvrage non revêtu de ma griffe sera réputé contrefait.

Charles Delagrave

le 6 Janvier

Salle B
N° 86.
18 rol. toile fleurie

LES PAYS ÉTRANGERS

ET

L'EXPOSITION DE 1878

AVANT-PROPOS

Les Français, en aucun temps, ne se sont expatriés facilement, et jamais, sauf de rares exceptions, les grands voyages, les séjours de longue durée dans les pays étrangers ne les ont beaucoup tentés : la beauté, le climat tempéré, la civilisation et les richesses de la France les y retiennent naturellement fixés.

Cependant, au milieu du siècle où nous vivons, alors que la vapeur et l'électricité viennent de triompher de l'espace et du temps et que, par suite de cette révolution universelle, la rapidité toute récente des relations fait tomber l'une après l'autre les anciennes barrières qui séparaient les peuples, il semble s'être glissé tout à coup au cœur de l'humanité un immense désir de s'étudier elle-même et de se connaître tout entière. Le succès inouï de l'Exposition de 1878 n'est-il pas la preuve la plus manifeste de cette tendance qu'ont aujourd'hui toutes les nations à mettre en commun leurs industries, leurs sciences, leurs arts, leurs pensées, pour faire vivre la grande famille humaine d'une seule et même vie ? Et dans cet ensemble merveilleux, que n'auraient pu rêver les esprits les plus utopistes du siècle dernier, n'est-il pas probable que l'avenir réservera le premier rang, avec la plus grande prospérité, à celui des peuples de la terre qui en sera le plus savant, à celui qui aura le mieux étudié et compris tous les autres ?

Aussi avec quel soin scrupuleux, dans ces dernières années, n'a-t-on pas dirigé la jeunesse française vers l'étude des pays étrangers ! Des ministres de l'instruction publique, aux idées les plus larges, M. Duruy, M. J. Simon, M. Waddington, M. Bardoux, n'ont rien négligé pour inspirer aux jeunes gens de nos écoles le goût des langues vivantes et de la géographie, qui doit amener celui des voyages et qui précède nécessairement l'étude approfondie des caractères et des institutions des peuples. A tous ces chefs de l'enseignement de l'Etat se sont vivement unis les directeurs les plus éminents de l'enseignement libre. En ce moment même, l'heureuse innovation introduite par M. Dubief dans le plus grand et le plus florissant des établissements libres et laïques permet à des divisions entières d'élèves barbistes d'aller passer, chaque année, plusieurs mois consécutifs dans certaines villes d'Allemagne et d'Angleterre; en même temps qu'ils y apprennent par la pratique les idiomes dont ils ont vu la grammaire, ils acquièrent, dans la familiarité de la vie quotidienne, certaines notions exactes sur les peuples au milieu desquels ils vivent momentanément; des horizons nouveaux s'ouvrent à leurs esprits; ils sont étonnés d'apprendre beaucoup hors du pays natal, et ils comprennent déjà que la satisfaction intime qu'éprouve tout homme qui s'instruit leur deviendra dans la suite d'autant plus sensible qu'ils la rechercheront plus souvent.

L'œuvre à laquelle travaillent ainsi les maîtres les plus autorisés de l'instruction publique est une œuvre essentiellement nationale. La France vient de montrer, durant plusieurs années, dans la gestion de ses affaires intérieures, un sang-froid, une prudence, un esprit de conduite qu'on ne lui connaissait pas; la jeunesse, que prépare son enseignement progressif, peut encore être dotée de qualités nouvelles pour la vie extérieure, afin de se tenir prête à profiter des grandes relations internationales que réserve aux peuples qui travaillent un temps tout à fait prochain.

Le caractère patriotique d'une telle œuvre nous a profondément ému, et, dans la mesure modeste de nos forces, nous avons voulu essayer d'y contribuer pour notre faible part. Il nous a semblé que l'Exposition universelle fournissait une excellente occasion d'offrir à la jeunesse studieuse, dans un cadre relativement restreint, toute une encyclopédie des pays étrangers.

Prendre chaque nation en particulier et l'examiner sous toutes les faces; exposer un aperçu général de son histoire depuis les temps les plus reculés jusqu'à nos jours en nous attachant surtout à la liaison rationnelle des grands faits qui se sont succédé; étudier ses institutions, son gouvernement, sa statistique; décrire le sol qu'elle occupe, les provinces qui la composent, les villes où se sont concentrées et sa force commerciale et sa vie intellectuelle; montrer, par la part qu'elle prend à l'Exposition, le degré plus ou moins élevé de perfection qu'ont atteint chez elle les beaux-arts, l'enseignement public, les produits de la science et de l'activité de l'homme : voilà le plan qui se déroulait devant nous. Et l'ensemble de notre travail embrassait du même coup l'histoire universelle des peuples, la description détaillée du globe, le spectacle grandiose de toutes les richesses de la terre réunies aux découvertes et à toutes les manifestations de l'esprit humain!

Il fallait résumer le développement de ce programme en une vingtaine de volumes d'une lecture aussi facile que possible. Nous voulions en outre les terminer assez tôt pour que nos lecteurs les reçussent au complet dans le temps même de l'Exposition et pussent alors entreprendre avec nous un voyage instructif autour du monde, dans les palais du Champ de Mars et du Trocadéro.

Dans de telles conditions, une pareille tâche nous eût certainement effrayé, si nous n'avions eu la bonne fortune de trouver des collaborateurs intelligents et pleins d'ardeur, ayant fait de longue date une étude spéciale des matières qu'il s'agissait de traiter. Des professeurs agrégés de l'Université, anciens élèves de l'École normale supérieure; des écrivains de la *Revue des Deux-Mondes*, connus par leurs sérieuses publications; des savants ayant acquis, par l'intelligence des langues et par leurs longs voyages, la connaissance exacte des pays les plus lointains, ont bien voulu nous prêter leur précieux concours. En même temps, la bienveillance que nous avons rencontrée partout, les documents que nous ont fournis les ambassades, les consulats, les commissariats des sections étrangères de l'Exposition, nous ont été d'une aide inappréciable dans les nombreuses recherches que nécessitait notre travail. Enfin, un éditeur actif, qui s'est offert à nous spontanément, nous a rendu le service de triompher des difficultés imprévues que créait la grève des ouvriers de l'imprimerie parisienne.

Puissent nos intentions et tant de bonnes volontés ne pas rester stériles! Puissions-nous atteindre le but que nous nous sommes proposé : donner à nos lecteurs, aux jeunes gens des écoles surtout, une idée assez nette des nations étrangères pour qu'ils en apprécient désormais les divers mérites et qu'ils se sentent, après nous avoir lu, un désir beaucoup plus vif de les voir, de les étudier, de les connaître par eux-mêmes!

Clovis Lamarre.

Le 31 mai 1878.

LA CHINE

ET L'EXPOSITION DE 1878

INTRODUCTION

SUR LE GOUVERNEMENT ET LA STATISTIQUE

Si la grande fête du travail qui va s'ouvrir dans quelques jours, sous la forme d'une exposition des produits du monde entier, avait eu lieu pour la première fois il y a une quarantaine d'années, nul doute que la Chine n'y eût point pris part, repliée comme elle l'était encore sur elle-même et isolée du reste du monde par la politique ombrageuse de ses souverains, par sa langue et le caractère exclusif de sa civilisation.

Le nom que porte aujourd'hui ce pays n'est pas d'origine indigène : c'est le mot *Tchina* ou *China*, que les Malais lui donnèrent au IIIe siècle avant notre ère, parce que ses habitants s'appelaient alors eux-mêmes les *Tsin-Jin* ou hommes des Tsin, du nom de la dynastie régnante, qui était celle des Tsin. C'est, en effet, une coutume que les Chinois ont toujours eue, et c'est pourquoi ils se qualifient aujourd'hui d'hommes des Thsing, la dénomination *Thsing* ayant été adoptée par les souverains mandchoux. En dehors de ces appellations particulières et variables, ils désignent leur empire sous divers vocables dont l'Empire Céleste, *Tien-Tchao*, et surtout l'empire du Milieu, *Tchoung-Kouo*, sont les plus usités. Ce dernier passe assez généralement en Europe comme une preuve manifeste de l'ignorance géographique ou de l'orgueil démesuré des Chinois ; mais la vérité paraît être que vers la fin du xiie siècle avant Jésus-Christ, alors que l'empire était divisé en plusieurs principautés qui toutes prenaient le nom de royaume, on donna le nom de *royaume du Milieu* au plus central, dont s'est formée plus tard la province de Ho-nan, et que par extension cette qualification s'est toujours appliquée à la portion de l'empire directement gouvernée par les empereurs ou à sa totalité [1].

Quoi qu'il en soit, ce fut l'illustre Vénitien Marco Polo qui révéla la Chine à l'Europe ; mais il parlait à des gens inattentifs ou incrédules, et d'ailleurs Vasco de Gama n'avait pas encore doublé le cap des Tempêtes. Il le doubla en 1492, et, vingt-quatre ans plus tard, le Portugais Raphaël Perestrello atterrissait à Canton. Ce fut le signal d'entreprises aux-

---

1. L'abbé Girard, *France et Chine*, t. Ier et chap. 1er.

quelles les Espagnols, les Hollandais, les Anglais se livrèrent tour à tour, dans la pensée commune de s'ouvrir de force le vaste marché de l'empire chinois. Toutes ces tentatives échouèrent, et, jusqu'en 1842, les Portugais furent seuls à posséder en Chine un pied-à-terre commercial et militaire, dans l'établissement de Macao. Les Anglais avaient aussi des comptoirs à Canton ; mais les autorités chinoises les avaient relégués dans un coin de la ville, et leurs possesseurs étaient sans cesse en butte aux insolences des mandarins comme aux brutalités de la populace.

Depuis, les traités célèbres de Nanking, de Tientsin et de Péking ont successivement ouvert dix-sept ports chinois au commerce étranger, et, grâce aux merveilleuses facilités de transport qu'offre la navigation à vapeur, des milliers de touristes s'abattent chaque année sur les plages de Shanghaï et de Hongkong. Au retour, ils ne manquent pas de publier leurs impressions de voyage ; mais le moyen d'avoir confiance dans ce que racontent de la Chine des gens qui ne l'ont vue, comme disait le P. Amyot au dernier siècle, que des bords de la rivière de Canton ? Quant aux voyageurs sérieux, ils n'ont pas encore été assez nombreux, et leur tâche n'a pas été assez facile à remplir pour qu'à cette heure nous puissions mieux connaître la Chine qu'il y a une centaine d'années, alors que les jésuites livraient aux presses françaises de quarante à cinquante in-folio ou in-quarto, embrassaient cet immense sujet sous toutes ses faces et n'omettaient pas même un premier déchiffrement de la langue chinoise.

Superficie de l'empire. — Et cette ignorance, ou cette incertitude, elle ne règne pas seulement sur des points secondaires : elle existe aussi sur des points fondamentaux. On sait que l'empire chinois embrasse une aire d'environ 13,674,000 kilomètres carrés, si l'on y rattache les contrées qui en sont dépendantes ou tributaires, telles que la Mandchourie nord-orientale, la Mongolie nord-occidentale, le Tibet et le Turkestan, ou du moins ce que les progrès des Russes et l'établissement d'une principauté indépendante à Kashgar en ont laissé à la Chine. On sait encore que cette aire se réduit à 5,160,000 kilomètres carrés, si l'on ne considère que la Chine proprement dite, en d'autres termes les *Shing-Pa-Sheng*, ou les dix-huit provinces des Chinois que délimitent la Mongolie au nord; le Turkestan, la région du lac Kokonor, le Tibet et le Barmâ, à l'ouest; le Barmâ, la Cochinchine et la mer de Chine, au sud; la mer de Chine, la mer Jaune, le golfe de Pe-tchi-li et la Corée, à l'est. Mais recherche-t-on le nombre des personnes qui peuplent cette superficie immense, on hésite devant des appréciations très-différentes; on reste indécis entre des chiffres qui s'écartent sensiblement les uns des autres. Depuis longtemps, les géographes dissertent là-dessus sans s'être mis, que nous sachions, d'accord, et les données officielles n'apprennent rien de certain.

Population. — Ce n'est pas que les recensements manquent. Il y en a cinq de 1757 à 1852, accusant, le premier une population de 190,348,000 habitants, le second une population de 536,904,000. Mais ce dernier chiffre, à le supposer exact, doit avoir subi à l'heure qu'il est une forte réduction du fait des longues années de guerres civiles, de dévastations et de massacres qu'a traversées la Chine. La question est de savoir dans quelle mesure cette réduction s'est produite. Un Anglais qui écrivait, il y a deux ans, une excellente *Notice géographique, statistique et politique* sur ce pays, M. Alfred Hippesley, ne lui attribuait pas plus de 250,000,000 d'âmes; mais nous sommes tenté d'accorder plus de confiance à la supputation d'un de nos compatriotes, dont le séjour en Chine s'est prolongé pendant une dizaine d'années, et que sa qualité de missionnaire mettait à même de mieux apprécier certains détails. M. l'abbé Armand David ne conteste nullement que les ravages des Taïping, des Nienfeï, des Tangsmao et des musulmans n'aient détruit beaucoup de villes et de bourgades; seulement « elles ont ressuscité, comme
« par enchantement et en peu d'années, parce qu'en
« Chine tout le monde se marie de bonne heure et
« qu'il faut très-peu à un ménage pour vivre et pros-
« pérer, les Chinois ayant trouvé l'art de réduire à

« leur plus simple expression leurs besoins, pour le
« logement, l'habillement, la nourriture. » Prenant
pour type le *Tou*, ou canton de Tsi-Fou, qu'il habitait, et pour base le nombre de quatre personnes par famille, le savant missionnaire a trouvé 4,000 âmes pour ce canton et, sur le pied de 5,345 *Tous*, 17,380,000 pour la province de Kiangsi. S'il y en a de moins peuplées, il y en aussi qui le sont davantage, et, si l'on en prend la population pour moyenne, on arrive, pour l'empire entier, au chiffre de 312,840,000 personnes.

Gouvernement. — Tous ces millions d'hommes obéissent à un seul maître, le *Houang-Ti*, titre que nous avons traduit par celui d'empereur, mais d'une façon incorrecte, car il s'y associe dans l'esprit des Chinois une idée très-différente de celle que les occidentaux attachent à la dignité impériale. Pour ses sujets, le Houang-Ti est bien réellement le fils du Ciel, *Tzien-tze*, non dans un sens matériel, mais dans un sens moral : c'est du ciel qu'il a reçu sa mission de gouverner, et il n'est rien moins, si l'on peut ainsi dire, qu'un vice-dieu sur terre. Tous les pouvoirs de l'État émanent de lui et aboutissent à lui : il est, selon le mot de M. Hippesley, « la « source de tout rang et de tout privilége, le dis- « pensateur de toute faveur, le maître suprême de « la force et du revenu publics. » Quelque autocratique que soit sa puissance, l'empereur est néanmoins tenu d'en conformer l'exercice, d'une façon générale, aux prescriptions du code qu'on appelle *Ta-t'sing-Luli*, lequel code, pour lui faciliter cet exercice, a créé diverses grandes administrations qui siégent à Péking. Ce sont, pour s'en tenir aux principales, le cabinet proprement dit (*Neiko*), le conseil privé (*Kumk-c'hu*), et les six ministères ou bureaux du service public (*Lo-Pu*), du revenu public (*Hu-Pu*), des rites, de la guerre (*Ping-Pu*), des peines (*Hing-Pu*), des travaux publics (*Kung-Pu*), et des colonies (*Lifan-Yüan*). Il faut y ajouter le censorat, les cours d'appel, l'Académie impériale et le *Tsemgli-Yamen*, ou ministère des affaires étrangères, dont la nécessité s'est fait sentir du jour où la Chine est entrée en relations régulières avec les *Barbares*, et l'on aura une idée générale du gouvernement chinois, de son mécanisme et de ses grands rouages.

BUDGET. — D'après ce qu'il a pu en apprendre de çà et de là, dans un pays qui n'a pas encore pris l'habitude sinon de dresser, du moins de publier des budgets réguliers, M. Hippesley estime actuellement le revenu public de la Chine à 79,500,000 taëls, soit 621,690,000 francs, dans lesquels l'impôt foncier représenterait 243,000,000 de francs; la taxe sur les marchandises, 156,000,000; les douanes, 107,000,000; le sel, 39,000,000; l'achat des rangs et degrés, 54,000,000, etc. Voilà pour le budget des recettes; quant à celui des dépenses, M. Hippesley n'en cite qu'un article, mais un article qui, en Europe, s'est de longue date taillé une part léonine et qui, là-bas, a commencé de s'enfler d'une façon inquiétante pour la bourse parcimonieuse des sujets de S. M. Tsaï-Tien. Nous voulons parler de l'armée chinoise, dont la dépense, si cette armée est tenue à son effectif réglementaire, doit absorber une somme de 367,000,000 de francs. C'est en vérité un chiffre bien formidable pour des troupes très-mal organisées, mal équipées et tellement dépourvues de moyens de transport, qu'en 1866 le général Li-Yung-Chang ne pouvait, faute d'attelages suffisants, se servir de son artillerie contre les rebelles qu'il poursuivait et dont une seule de ses pièces n'approcha même pas à la distance de deux lieues.

COMMERCE : IMPORTATIONS, EXPORTATIONS. — Les rapports de la douane permettent d'apprécier exactement le commerce considérable et toujours croissant que la Chine entretient avec l'Inde, l'Europe et l'Amérique. Il se fait actuellement dans dix-sept ports, où, à la fin de 1875, on comptait 340 maisons étrangères et plus de 3,500 résidents. Il donne du fret à 11,406 navires à vapeur et à 5,888 voiliers, sur lesquels 8,277 arborent le pavillon anglais, 3,836 le pavillon américain, 1,577 le pavillon allemand et 279 seulement le pavillon français. Il représente une valeur de 530,221,000 francs pour les marchandises étrangères importées en Chine et de 538,899,000 pour les produits indigènes qui en sont exportés. Décomposés par nationalités, ces chiffres indiquent que la Grande-Bretagne et ses colonies absorbent à elles seules les 85 centièmes de tout le commerce extérieur de ce grand empire, le reste appartenant pour 5 centièmes aux États-Unis et se répartissant, pour les dix autres, entre l'Allemagne, la France, la Russie, les pays scandinaves, le Japon, l'Espagne. Les six dixièmes du thé qu'elle exporte, la Chine les expédie en Angleterre, et, à son tour, l'Angleterre envoie en Chine ses cotonnades. C'est un trafic très-lucratif de part et d'autre, et rien de plus inoffensif qu'un pareil échange; ce qui l'est beaucoup moins, ce qui est même une honte, c'est que les planteurs du Bengale et du Malwa empoisonnent ou abêtissent, par leur opium, ces mêmes Chinois que revêtent les fabricants de Manchester.

L'opium que l'Inde verse en Chine représente, en effet, les trente-six centièmes de la valeur de l'importation totale de celle-ci, tandis que les cotonnades n'en font pas plus des trente-trois centièmes. Quant à l'exportation, les thés y entrent pour 52 pour cent, et les soies brutes ou dévidées, pour 35 ; le reste consiste en soieries, en sucres, en coton brut, en nattes et paillassons, en porcelaines, en poteries, en papiers.

AGRICULTURE. — On n'a parlé jusqu'ici que des produits qui alimentent le commerce extérieur de la

Chine ; un mot maintenant de son agriculture. Quoique la profession agricole y soit honorée de temps immémorial et que le *Fils du Ciel* lui-même, au moment où la saison des travaux ruraux va s'ouvrir, consacre un jeûne de trois jours à leur prospérité, et qu'il fende ensuite le sol avec une charrue et y sème du riz, en témoignage de sa sollicitude pour la grande industrie nourricière, M. Robert Fortune, qui a vu les choses de près, n'hésite pas à taxer d'exagérés les récits que tant d'auteurs ont faits de la perfection de l'agriculture chinoise. Quoi qu'il en soit, elle ne laisse pas de présenter un ensemble fort considérable et d'un aspect très-varié, car le Céleste Empire, qui s'étend du 18e au 41e parallèle nord et du 98e au 123e degré de longitude est, renferme à la fois des régions tempérées et des régions tropicales. Situé à l'extrémité orientale du vaste continent asiatique, il subit des extrêmes opposés de température : une chaleur excessive en été, un froid des plus intenses en hiver, ainsi que des alternatives très-tranchées d'humidité et de sécheresse. Dans les provinces du nord, le froment, l'orge, les fèves, les pois constituent les récoltes principales, alors que le riz, principale base de l'alimentation du pays, domine dans le sud. Dans les régions chaudes, le riz peut aisément donner deux moissons annuelles; mais cela n'empêche pas la production agricole de ne répondre dans son ensemble que d'une façon fort imparfaite aux besoins de la consommation générale. Les famines ne sont pas rares en Chine : avec la petite vérole, qui exerce de terribles ravages, avec la pratique de l'avortement, de l'infanticide ou de l'abandon des nouveau-nés, elles ramènent dans des limites plus en rapport avec le territoire qu'elle habite et les moyens d'existence dont elle dispose une population qui, livrée à elle-même, se quintuplerait, se décuplerait même, à ce qu'on a prétendu, dans l'espace de vingt années.

Après ce rapide coup d'œil sur les conditions générales de la Chine, nous allons aborder, en quelques pages d'ailleurs, son histoire et sa géographie : ce sera un préambule à la description de la part qu'elle a prise à l'exposition universelle de 1878, description qui nous fournira le moyen de combler, au moins dans une certaine mesure, les lacunes forcées de cette première partie.

PREMIÈRE PARTIE

LA CHINE

I. APERÇU GÉNÉRAL DE L'HISTOIRE DE LA CHINE
II. DESCRIPTION GÉOGRAPHIQUE DE LA CHINE

APERÇU GÉNÉRAL

DE L'HISTOIRE DE LA CHINE

La légende locale place au berceau de la nation chinoise un homme nommé Pan-Kou, qui aurait vécu vingt ou vingt-quatre mille ans avant l'époque historique. On est ici en pleine fable : le peuple chinois n'en est pas moins un des peuples les plus anciens de la terre et qui possède, depuis l'an 2637 avant J.-C. suivant les PP. Amyot, Gaubil, du Mailla et l'éminent sinologue Pauthier, depuis l'an 2357 selon Fréret, une chronologie reposant sur deux données fixes : une année de trois cent soixante-cinq jours et six heures, avec des cycles de soixante années. Il n'est pas venu de l'Égypte, comme le prétendait de Guignes, développant les indications de Kircher et de Mayran ; mais il ne répugne nullement de croire que les Chinois actuels descendent de ces peuples qui, après avoir occupé les plateaux de l'Asie centrale, en rayonnèrent comme d'un foyer et se répandirent dans les vallées de l'Irraouadi, de la

Salouen, du Ménam et du Mékong. Cette hypothèse ne s'appuie sur aucun témoignage historique ; mais elle s'accorde avec les traditions chinoises qui parlent de tribus sauvages qui habitaient d'abord l'empire du Milieu et qu'un peuple aux cheveux noirs, *les Cent Familles*, vint subjuguer et civiliser. De plus, elle ressort invinciblement de la distribution même des nations de l'extrême Asie, et de la communauté de traits physiques ou moraux qui se remarque entre les Turcs, les Mongols et les Chinois. Une origine divine attribuée aux princes, l'art augural, le culte des ancêtres, le despotisme patriarcal, voilà le fond commun des civilisations asiatiques, et c'est à cette heure encore l'assiette de la société chinoise et du gouvernement chinois.

Ce n'est pas la seule antiquité des Chinois qui les a désignés tant à la curiosité générale qu'à l'attention des érudits : c'est encore leur organisation sociale, politique et administrative ; c'est leur langue, leur philosophie, leur littérature ; ce sont leurs mœurs, leur industrie, leur commerce, leurs penchants particuliers et leurs aptitudes propres. Ce peuple a possédé, avant les occidentaux, la boussole, la poudre, l'imprimerie, les ponts suspendus ; il a eu des vaisseaux qui marchaient avec des roues ; il a connu l'aplatissement du sphéroïde terrestre et observé les mouvements sidéraux ; son agriculture était florissante, et son industrie se complaisait dans des œuvres délicates. On croit toujours, en parcourant ses annales, qu'il va se mettre à l'avant-garde de la civilisation et du progrès. Mais l'illusion est vite dissipée. Les Chinois ont piétiné sur place ; ils n'ont pas marché, et il leur est arrivé très-souvent de rétrograder. C'est ainsi que, dans l'ordre politique, ils sont tombés de l'autorité patriarcale au despotisme pur, et que, en religion, ils ont déserté les principes élevés de leurs anciens philosophes pour embrasser le bouddhisme ou plutôt l'athéisme, et pour ne plus croire en rien, si ce n'est en une foule de génies, de démons, de mânes, en qui ils placent une foi aveugle et dont ils implorent quotidiennement le secours.

En Chine, les inventions les plus fécondes n'ont pas eu de lendemain. Ce peuple, qui avait la boussole, n'a jamais fait une expédition maritime ; malgré sa connaissance de la poudre, il en était encore, il y a une quarantaine d'années, aux canons sans affûts et aux fusils à mèche du xvie siècle européen ; il imprime des livres depuis neuf siècles, et il n'a fait faire aux sciences aucun progrès. Il est lettré sans doute, mais dépourvu d'imagination, et, vieux dès son berceau pour ainsi dire, il est demeuré étranger à la grande poésie, au grand art. On chercherait vainement dans la littérature chinoise quelques-uns de ces grands monuments, l'*Iliade*, les *Nibelungen*, la *Chanson de Roland*, qui se dressent au seuil des civilisations occidentales, quelque chose même de comparable à l'un de ces recueils de poésie nationale et légendaire qu'offre l'Espagne et qu'eut la Grèce héroïque au temps de ses aëdes, ou Rome au temps de ses rois. Chose caractéristique, cette littérature a débuté par le drame et la comédie, non le drame à la façon d'Eschyle, mais le drame « déclamatoire et larmoyant, sentimental et frondeur, » comme dit un éminent critique, dont Lessing, Diderot et Mercier revendiquent la paternité ; non la comédie large et philosophique de Molière, mais la comédie fine et maniérée de Marivaux. De même, l'architecture chinoise réjouit l'œil par les toits de ses édifices, garnis de tuiles brillantes, leurs murs revêtus de porcelaines, leurs portiques diaprés de mille couleurs. Mais cette grâce est bizarre ; cet ensemble n'a rien d'imposant ; ces maisons, ces palais même, rappellent la tente. Les pagodes de la Chine ne sont pas à elle : elle les doit au bouddhisme, et jamais son sol n'a porté d'imposantes constructions comme les murs cyclopéens et les temples creusés de l'Inde.

Phénomène unique dans l'histoire ! étonnant spectacle que celui d'une civilisation qui se cristallise, semblable à ces cascades du Spitzberg que le refroidissement du globe a subitement converties en glaciers ! Ce phénomène toutefois ne reste point inexplicable, et le malheur qu'ont les Chinois de posséder une langue des plus imparfaites et des plus difficiles y a été certainement pour quelque chose. Il en est des procédés utiles et des inventions fécondes comme des idées mêmes qui les engendrent : ils ne prospèrent, ils ne donnent toute leur mesure qu'à la condition d'être incessamment discutés, et, pour qu'on les discute, il faut d'abord qu'ils circulent. Une langue uniquement composée de monosyllabes; où une seule et même forme peut revêtir des significations multiples; où, en dehors de sa place dans la phrase, le mot n'éveille aucune idée particulière et n'est pas plus substantif que verbe; où le genre d'un mot, la notion du vocatif, du datif, de l'ablatif, ne peuvent être rendus que par l'accession d'un autre terme ou déterminés par leur position dans la phrase; où le nombre, singulier ou pluriel, n'est indiqué que par l'ensemble de cette phrase, une pareille langue peut bien être une langue très-curieuse, comme l'appelle le savant linguiste à qui nous en avons emprunté la caractéristique [1], mais c'est aussi un instrument très-difficile à manier et un véhicule de la pensée détestable. A cette complication du langage lui-même, ajoutez celle d'un système graphique n'embrassant pas moins de 50,000 caractères, dont 15,000 sont usités, les uns véritables dessins qui représentent une image, telle que celle d'un chien, d'un arbre, d'une montagne, et qui s'emploient tantôt isolés, tantôt accouplés; les autres plus compliqués et qui comportent deux éléments dont la réunion indique à la fois la prononciation et le sens, et vous comprenez sans peine que, si les lettres et les lettrés ont été de

---

[1]. Abel Hovelacque, *la Linguistique*, p. 42-50.

tout temps fort honorés en Chine, l'instruction n'a pu s'y répandre hors de certaines classes, sortir d'un certain milieu. Vous vous expliquez fort bien comment le Chinois des classes pauvres ne s'applique qu'à l'étude des caractères dont il a besoin, et comment le menuisier, par exemple, connaît les caractères qui concernent ses propres outils, mais ignore ceux qui expriment les outils du forgeron, son voisin.

Mais ce n'est point là que nous voyons la cause principale de l'engourdissement social de la Chine et de son immobilité séculaire. Ce qui a fait du Chinois un être routinier, passif, entièrement fermé à la contagion des idées progressives; ce qui lui a ravi toute spontanéité; ce qui l'a rendu l'esclave de la coutume, du rite dans sa vie privée comme dans sa vie publique, dans son mariage comme dans ses funérailles, dans la culture de ses terres comme dans ses travaux industriels, c'est l'extension à la société civile, majeure et libre, du concept de la famille mineure et assujettie : soumission et respect d'une part, autorité et sollicitude de l'autre. Le Chinois naît enfant, vit enfant, meurt enfant. Jusqu'à sa tombe, il reste sous la dépendance paternelle : l'acte d'émancipation par excellence ne l'en affranchit pas, et rien n'est plus ordinaire, en Chine, à ce que l'abbé Grosier nous apprend, « que de voir les Chinois « riches et d'un rang distingué arrêter les articles « d'un mariage longtemps avant que les parties

« soient en âge de le contracter, souvent même en
« convenir avant que les futurs époux soient nés. »
Or, l'empereur est de droit divin le *père* et la *mère*
de tous ses sujets, et, comme ils sont beaucoup trop
nombreux pour que, à l'instar du vrai père de famille,
il les dirige, les récompense, les châtie de sa propre
main, il s'en est remis de ce triple soin à une hiérarchie savamment combinée de fonctionnaires de
tous ordres, que les Portugais ont appelés *mandarins*,
mais que dans le pays même on désigne sous l'appellation générique de *kouang-tou*. Recrutés au sein
de la nation, ces mandarins s'en séparent tout à fait
dès qu'ils entrent en place et forment un corps dirigeant qui n'a plus aucun lien avec les administrés :
ils sont devenus un vrai fléau pour leur pays et le
grand obstacle à sa régénération sociale ou politique.

Un personnage mythologique, Fohi, qui avait le
corps d'un serpent et la tête d'un bœuf, ouvre les annales chinoises ; on lui prête l'invention de l'écriture,
comme on attribue celle de la médecine à l'un de ses
successeurs, Chin-nong, que l'on fait vivre 3200 avant
Jésus-Christ, et comme on fait remonter à Hoang-ti,
qui aurait commencé de régner vers l'an 2698, l'institution des poids et mesures, l'usage des monnaies
et l'institution du tribunal pour écrire l'histoire.
Toute cette chronologie demeure fort incertaine, et
Yao est le premier des empereurs que mentionne le
Chou-King, le plus ancien livre historique des Chinois.

Le règne de ce prince fut marqué par une grande inondation, que quelques savants ont confondue avec le déluge de Noë, et il était monté sur le trône par une de ces révolutions sanglantes, « plus fré-« quentes et plus nombreuses, » suivant la remarque de M. Ott, l'auteur d'un excellent résumé de la vieille histoire de ce pays, « en cet État modèle du gouver-« nement absolu et paternel, qu'en aucune république « ancienne ou moderne, et sans qu'aucune de ces « révolutions ait amélioré, d'une manière durable, le « sort de la société. » Il eut pour successeur un simple laboureur de Chine, qu'il désigna lui-même à l'exclusion de son propre fils, et à Chun succéda Yu, dont le fils occupa aussi le trône et devint le fondateur de la première dynastie, celle des Hia (2197 avant Jésus-Christ).

Elle fut renversée en l'an 1766, par une ligue de princes feudataires, mais presque indépendants, et remplacée par la dynastie des Chang, laquelle subit le même sort et dans les mêmes conditions (1134). C'est de cette époque que date un livre très-curieux, qu'on attribue à Tchéou-kong, frère de Wou-wang, le fondateur de la troisième dynastie. Le *Tchéou-li*, ou rites de Tchéou, qui a été traduit en notre langue, est un tableau complet de la Chine sociale et politique telle qu'elle était il y a trois mille ans et qu'elle est aujourd'hui, sauf quelques changements de forme plus que de fond. On y voit qu'il existait alors en Chine des familles nobles qui jouissaient du privilége de fournir les officiers du plus haut rang, et que certaines fonctions, peu nombreuses d'ailleurs, étaient héréditaires. Les lettrés ne formaient pas encore une classe bien déterminée ; mais l'usage ne tarda point à s'établir de choisir exclusivement parmi eux tous les fonctionnaires publics. Quant au reste du peuple, il formait neuf classes : cultivateurs, bûcherons, éleveurs d'oiseaux et de quadrupèdes, marchands établis ou ambulants, tisseuses, serviteurs et esclaves, gens sans profession avérée. Dans les campagnes, cinq familles constituaient un groupe, cinq groupes une section, cinq sections une commune, cinq communes un canton, cinq cantons un arrondissement, cinq arrondissements un district. L'armée se recrutait dans toutes les classes du peuple : elle n'avait alors que de l'infanterie, armée de lances, d'arcs, de flèches, de cuirasses, de boucliers, et constituée en régiments de 2,500 hommes, avec cinq bataillons par régiment.

L'empire était-il en péril, s'agissait-il de changer de capitale ou de transporter la population d'un point du territoire, où elle ne trouvait point à vivre, sur un autre, le trône devenait-il vacant, le peuple était consulté en assemblée générale. Par ailleurs, il vivait entièrement sous la férule administrative. Il y avait des *censeurs* pour inspecter ses vertus et des *sauveurs* pour châtier ses fautes ; un *officier des mariages*, pour veiller à ce que les filles prissent mari à vingt ans et que les hommes prissent femme à trente ans au plus tard ; des fonctionnaires pour répartir la terre, et d'autres pour s'assurer de sa bonne culture. Certaines industries étaient réservées à une portion de la population à l'exclusion des autres : c'est ainsi que les femmes légitimes avaient le monopole du tissage de la soie et du chanvre. Les procédés du travail étaient réglés de la façon la plus minutieuse, et l'artisan chinois n'était pas moins sévèrement parqué dans la corporation dont il faisait partie que ne le fut plus tard le compagnon de notre moyen âge dans son corps de métier. Un ouvrage rédigé postérieurement au *Livre des rites* nous apprend, d'ailleurs, qu'à cette époque reculée l'industrie était déjà florissante en Chine : on y fabriquait des armes, des chars, des cloches, des instruments de musique; on y transformait les métaux; on y tissait la soie; on y travaillait les peaux et les pierres précieuses; on y moulait des poteries et des vases.

La dynastie des Tcheou dura 873 ans, pour disparaître également dans une révolte de grand vassal de l'empire. Ce fut dans les deux derniers siècles de son règne que parurent les célèbres philosophes Lao-Tseu, Khoung-fou-Tseu, que l'Occident connaît sous le nom de Confucius, et Meng-Tseu ou Mencius, disciple de celui-ci. On sait peu de chose sur la vie de Lao-Tseu : il naquit en l'an 604 avant J.-C. et voyagea, dit-on, dans l'Inde. Mais ce dernier fait n'est point acquis, quoique assurément il y ait entre la doctrine qu'il professe dans le *Tao-te-King*, ou livre de *la voie et de la vertu*, le seul de ses écrits qui nous soit parvenu, et le *Nirvana*, ou le culte du néant bouddhique, des analogies étroites et tout à fait frappantes. Les détails biographiques sont moins rares sur Confucius : né en l'an 551 avant J.-C., il remplit diverses fonctions publiques, voyagea dans toutes les parties de la Chine et mit en ordre ses livres sacrés, notamment le *Chou-King*, dont il a été parlé déjà, ainsi que le *Chi-King*, ou *Livre des vers*, recueil de poésies historiques, et le *Li-King*, ou livre des rites, analogue au *Tchéou-li*. Il a peu écrit, et, des quatre livres classiques qui portent son nom, il n'y en a qu'un, *la Grande Etude*, qui paraisse être sorti de sa propre plume. Quand il mourut, ce qui arriva en l'an 479, on vit ses disciples et le roi de Lou, province où il était né, se prosterner devant sa tablette, et, depuis le xie siècle environ de notre ère, la Chine s'est couverte de temples où son image est révérée comme celle d'un ancêtre et d'un saint.

C'est qu'en effet Confucius ne fut pas autre chose qu'un ancêtre. Ces belles maximes, qui firent le fond de son enseignement, soit oral, soit écrit : « qu'il faut être bienveillant, affectueux, sympathique envers ses semblables ; qu'un même devoir incombe à tous les hommes, riches ou pauvres, grands ou petits, le devoir de perfectionner sa personne, et qu'une règle inflexible devait présider à la conduite de chacun », ces maximes faisaient partie, depuis les temps les plus reculés, du droit public de la Chine. Elles brillaient, éparses sur tous les feuillets de ses anciens livres ; seulement, il ne semble pas qu'elles y eussent jamais beaucoup lié personne, les grands moins que les autres, et il ne fut pas donné à Confucius de convertir à leur pratique réelle les princes ses contemporains. Ces traditions de gouvernement patriarcal étaient exposées à périr au milieu des désordres politiques et des révolutions dynastiques : elles échappèrent à ce risque quand, codifiées, si l'on peut ainsi dire, par Confucius, elles furent devenues le patrimoine de la classe dirigeante des lettrés. Envisagée sous cet aspect, l'œuvre de ce sage peut être regardée comme un malheur pour son pays, puisqu'elle a puissamment contribué à le maintenir sous la règle tantôt puérile, tantôt barbare, toujours stérile, d'une forme de gouvernement qui n'attente pas moins à la dignité de l'homme qu'à son activité.

Thsin, qui fonda la dynastie de son nom (249 avant J.-C), fut le dernier de ces princes feudataires qui, depuis tant de siècles, fournissaient des souverains à la Chine, mais qui perdirent définitivement leurs possessions sous son règne. Un de ses successeur, Tche-Hoang-ti, se rendit célèbre par son goût pour la guerre et pour les grands travaux publics, comme aussi par sa haine contre les lettrés. Il la poussa jusqu'à décréter la destruction de tous les anciens livres, sauf ceux qui traitaient de médecine ou de divination, et ceux des lettrés qui tentèrent de s'opposer à cette mesure en furent punis par un de ces supplices atrocement ingénieux dont le code pénal des Chinois a toujours fourmillé et fourmille encore. Hoang-ti fit de grandes conquêtes au sud de ses frontières : il soumit la Cochinchine, et, pour mettre ses peuples à l'abri des incursions perpétuelles des hordes tartares, mongoles et turques, il fit bâtir cette grande muraille qui court sur cinq cents lieues et qui est encore debout, avec ses gigantesques contreforts, ses bastions massifs, ses tours carrées, ses créneaux sans fusils et ses embrasures sans canons.

« C'est une chose souverainement grande, un monument incroyable, » s'écrie un aimable et intelligent voyageur qui a vu la grande muraille, de ses yeux vu, ce qui s'appelle vu. Qu'on s'imagine un mur haut d'environ cinquante pieds et large de dix-huit, en granit à sa base, en longues briques grises à son revêtement supérieur ; un mur qui monte, descend, serpente, comme si c'était un être rampant et vivant. De son sommet, le regard plonge en avant vers la Tartarie ; à droite, vers le golfe de Pe-tchi-li ; à gauche, vers l'énorme intumescence du Tibet ; en arrière, vers les plaines fertiles de la Chine méridionale. Et tout cela a surgi de terre, tout cela s'est édifié en vingt-deux ans, en escaladant des rochers qui paraissaient inaccessibles, en suivant les sinuosités d'un sol tourmenté. Il y a là certainement de quoi justifier l'admiration et le saisissement ; mais le premier de ces sentiments se tempère quand on songe à l'inutilité complète d'un pareil travail, « œuvre de grands enfants « menés par des despotes. Quelle folie que d'élever

« une enceinte continue là où deux forts seulement,
« aux passes de Nang-Kou et de Kou-Tei-Kao, auraient
« fermé la Chine à toutes les invasions du nord ! Que
« de milliers d'hommes ont dû succomber à ce travail
« surhumain, vainement inventé pour la défense d'un
« empire dont il n'a pu d'un jour arrêter l'envahisse-
« ment [1] ! »

Quatorze siècles plus tard, la grande muraille n'empêchait point, en effet, le trop fameux Gengis-Khan de se jeter sur l'empire du Milieu et de s'en rendre maître. Vainement, dans l'intervalle, les princes de la dynastie Han, qui, en l'an 202, remplaçait celle des Tchin, avaient-ils fait reculer les Hiongnoux, nation tartare, terreur de la Chine depuis un millier d'années, et le général Pan-Tchao avait-il soumis vers l'an 100 de Jésus-Christ les Etats de la Tartarie et de la Boukharie. Vainement encore Tsaï-Tsoung, le plus illustre des empereurs Tang, qui régna de 627 à 649, avait-il battu les Turcs, qui étaient en ce moment les plus formidables ennemis de ses sujets. Tandis que des intrigues de palais et des conspirations d'eunuques précipitaient la chute de la dynastie Tang et jetaient la Chine dans une nouvelle ère de troubles (907-960), jusqu'à ce que l'avénement des princes Soung y ramenât un peu d'ordre et de paix, un grand orage s'annonçait dans les steppes, au nord de l'empire. Le khan de Karakorum jetait les fondements de cette

1. De Beauvoir, *Voyage autour du monde.*

puissance mongole qui faisait trembler la mère de saint Louis pour l'Église; qui ne connaissait, pour parler comme l'illustre Rossi, « d'autre borne à son invasion, que la fatigue de ses chevaux »; qui menaçait Vienne et Constantinople et qui entrait au pas de course dans Moscou et dans Péking.

Gengis-Khan n'avait fait que traverser la Chine, en la ravageant; son petit-fils Kubilaï-Khan la soumit et y fonda la première dynastie mongole, celle des Yuen (1260). Ce fut un souverain remarquable, qui adopta les mœurs et la civilisation de sa conquête, tandis que ses successeurs, moins habiles, s'aliénèrent l'esprit des Chinois en les excluant des emplois publics, où ils n'appelaient que des hommes de leur propre race. Des révoltes éclatèrent, et les insurgés, victorieux, appelèrent au trône un jeune homme qui était sorti du couvent de bonzes où il végétait, pour leur servir de chef (1368). Young-Wou devint ainsi le fondateur de la dernière dynastie nationale, celle des Ming, dont la durée fut de deux cent soixante-seize ans. Ses treize princes dorment du dernier sommeil dans la vallée sablonneuse et encadrée de hautes montagnes qui s'étend entre la grande muraille et la ville de Tchang-pin-tchao. Une avenue longue d'une lieue conduit à leurs tombes : elle est dessinée d'abord par des colonnes de marbre blanc, puis par deux files d'animaux sculptés, de grandeur colossale, chameaux, éléphants, hippopotames, dragons ailés, lions de quinze pieds de haut et d'un seul bloc de granit, enfin par les statues colossales des empereurs, revêtus de la cuirasse et portant le casque. Les tombeaux eux-mêmes, qu'encadrent des bosquets d'arbres verts, sont de vrais temples où le marbre blanc et rose, le porphyre et les sculptures en bois de teck se marient, sans harmonie et sans goût, mais avec des lignes vraiment pures et d'une grande sévérité, chose rare en Chine [1].

En 1644, un chef des Tartares Mandchoux, du nom d'Amavang, s'emparait de nouveau de toute la Chine et s'en faisait couronner empereur. Cette famille y règne encore : Kang-hi, qui monta sur le trône en 1662, en consolida le pouvoir, et son règne, long de soixante ans, est devenu célèbre en Europe par la protection dont il entoura les missionnaires catholiques. Vers 1550, saint François Xavier avait fait d'inutiles efforts pour pénétrer en Chine, et il était mort dans l'île de Sancian, contemplant des yeux cette nouvelle terre promise, mais impuissant à y entrer. Plus heureux, les jésuites Michel Rogerio, Jean Baradas, Diego Pantaja, Gaspar Terrera et Mathieu Ricci parvinrent à fonder un établissement dans l'intérieur ; plus tard même, ils arrivèrent à Péking, où Ricci, grâce à son habileté comme horloger et comme constructeur de cartes géographiques, réussit à se faire une position considérable. Ce n'est pas que le christianisme ne date en Chine que de l'arrivée des jésuites : la célè-

---

[1]. Comte de Beauvoir, *Voyage autour du monde*.

bre inscription de Si-gnan-fou, découverte en 1635 et qui remonte à l'an 625 ou 626, prouve, en effet, que, sous l'empereur Tsaï-Tsoung, un nommé Olopen avait introduit en ce pays le christianisme nestorien. Il y avait assez prospéré pour que Rubruquis, Marco Polo et Hyatho nous représentent les nestoriens comme en grande faveur à la cour des empereurs mongols, et que les historiens musulmans mentionnent plusieurs impératrices fort attachées à la foi chrétienne. En 1290, le christianisme romain était apparu à son tour en Chine, dans la personne de Jean de Monte-Corvo, qui éleva deux églises à Péking même et qui plus tard fut sacré évêque de cette ville.

Mais la faveur même dont les souverains mongols avaient entouré les missionnaires chrétiens devint la cause de leur ruine, lorsqu'une dynastie nationale remonta sur le trône, et ce fut bien une œuvre de restauration que celle qui échut à Ricci et à ses successeurs. Ils y furent fort aidés par les empereurs mandchoux, et les dix jésuites que l'Académie des sciences de Paris expédia en Chine (1685) y reçurent de Kang-hi le meilleur conseil. Pour lui complaire, ils exécutèrent une triangulation générale de l'empire et en dressèrent la carte ; ils enseignèrent aux Chinois l'art de fondre des canons de gros calibre et régularisèrent leur calendrier. Avec le temps, ils se mirent à traduire les annales des Chinois, ainsi que leurs livres sacrés, et certes les amis des études historiques ne prononceront jamais qu'avec respect et reconnaissance les noms des Amyot, des Gaubil, des Lecomte, des du Mailla, des Prémare et des Visdelou. Investis, d'ailleurs, de la pleine confiance de Kang-hi et remplissant les plus hautes fonctions publiques, ils purent sans peine faire profiter le catholicisme de leur influence politique, et, à l'époque où ils durent quitter la Chine, ils laissèrent derrière eux de nombreuses et florissantes chrétientés.

Ce dernier événement exige quelque explication. Désireux de rattacher à leurs croyances les gens de haut rang, dont l'exemple serait décisif sur les autres, et persuadés qu'il était impossible d'implanter une doctrine quelconque en ce pays sans respecter le culte des ancêtres et des parents, qui tient aux entrailles mêmes de la société chinoise et dont la répudiation ferme l'accès aux fonctions publiques, les jésuites ne firent pas à leurs néophytes une obligation impérieuse d'abdiquer, en recevant le baptême, tous leurs vieux rites à la fois. Le Chinois, devenu chrétien, continua de s'agenouiller devant les tombes de ses parents et d'y brûler de l'encens, comme aussi de pratiquer certaines observances intimement liées à ses notions séculaires de la vie civile et du gouvernement patriarcal. Ce spectacle émut l'orthodoxie d'un ordre rival et plus ancien, mais qui n'occupait plus, depuis l'apparition des fils de Loyola, qu'un rang secondaire parmi les propagateurs de la foi.

Les dominicains accusèrent, en cour de Rome, les jésuites de pactiser avec l'idolâtrie, et, dès 1645, une sentence de la Propagande romaine, homologuée par le pape Innocent X, condamna les errements des jésuites. Ceux-ci cependant ne se tinrent point pour battus : ils insistèrent sur le caractère purement civil qu'il fallait assigner, selon eux, aux coutumes stigmatisées par les dominicains, et cette fois le tribunal de l'Inquisition leur donna raison. Mais cette décision, approuvée en 1656 par Alexandre VII, fut révoquée en 1704 par Clément XI, qui s'appropriait ainsi le décret rendu sur les lieux mêmes, treize ans plus tôt, par l'évêque Maigrot, et conçu dans un sens tout à fait défavorable aux jésuites.

Le cardinal de Tournon, qui se rendit en Chine pour terminer cette longue querelle, y arriva en 1705, et, après avoir étudié la question des rites, se prononça également contre ces religieux. Kang-hi cependant, scandalisé de ces débats, où les sentiments de rivalité entre les deux ordres parurent l'emporter plus d'une fois sur l'intérêt de la religion elle-même, et irrité de ce qu'il regardait comme l'immixtion abusive d'un souverain étranger dans sa gestion personnelle, Kang-hi déclara qu'il ne permettrait pas le séjour de la Chine aux missionnaires qui ne suivraient pas la tradition de Ricci et de ses successeurs. Son attitude détermina l'envoi à Péking (1720) du cardinal Mazzebarba, patriarche d'Antioche, et celui-ci approuva, sauf quelques restrictions, tout ce que le cardinal de Tournon avait condamné. Cette décision, qui fut d'ailleurs rapportée bientôt, venait trop tard : Kang-hi avait déjà retiré sa faveur aux missionnaires, et tout ce désaccord, toutes ces fluctuations avaient singulièrement nui au catholicisme dans la classe des lettrés. « Comment pouvez-vous assurer, » disaient-ils fréquemment aux missionnaires, » que vous prê- « chez la vérité, lorsque vous êtes si peu d'accord « entre vous-mêmes sur vos croyances ? »

Kang-hi eut pour successeur un zélé bouddhiste, Young-Tching, qui expulsa les missionnaires, persécuta les chrétiens et détruisit leurs églises. L'interdiction formelle et absolue du catholicisme ne date pourtant que de 1805 : tous les missionnaires européens furent alors dirigés sur Macao, à l'exception de deux Portugais, les PP. Serra et Pereira, qui étaient employés, au bureau des mathématiques, à la confection des calendriers, et que l'on garda non comme prêtres, mais comme savants. Ils sont morts tous les deux en Chine, l'un à une époque que nous ignorons, l'autre, le P. Pereira, en 1838. Celui-ci décédé, on boucha, avec des pierres et du mortier, les portes de la cathédrale de Péking : elles sont restées dans cet état jusqu'en 1860, année où le baron Gros, notre ministre plénipotentiaire, les fit rouvrir, à la suite d'événements extraordinaires qui ont marqué pour l'empire du Milieu le point de départ d'une ère nouvelle, en le forçant d'entrer enfin en communications régulières et permanentes avec les *Barbares* occidentaux.

On a déjà dit que, dès 1516, les Portugais étaient apparus sur le littoral chinois. L'année suivante, quatre autres navires, portant aussi leur pavillon et commandés par Ferdinand Andrade, jetèrent l'ancre près de Macao et nouèrent d'amicales relations avec les autorités chinoises. Mais, dès 1518, les choses changeaient de face, et Simon Andrade, frère de Ferdinand, se conduisait de telle sorte que les Chinois contraignaient les Portugais à s'éloigner. Ils reparurent bientôt et fondèrent successivement des comptoirs à Amoy, Ning-po, Lampaçao et Macao. En 1543, les Espagnols, ayant découvert les Philippines et y ayant rencontré des jonques chinoises, ouvrirent avec la Chine un commerce direct, et, soixante-neuf ans plus tard, arrivèrent les Hollandais. Leur début fut un coup de main sur Macao, qui échoua; puis, ils s'emparèrent de l'île Formose et s'y fortifièrent. Jusque-là, le pavillon anglais ne s'était pas montré dans ces mers : Widdell l'y fit voir en 1637; mal reçu par les autorités chinoises, à l'instigation des Portugais, il se retira, non sans avoir dévasté le littoral. Depuis lors, les Anglais se sont emparés en 1802 de Macao, qu'ils craignaient de voir passer aux mains des Français; mais ce fut une occupation toute temporaire, et ils parurent ensuite se contenter de leurs comptoirs à Canton, sans chercher davantage à fonder un établissement spécial dans ces mers.

Ces façons brutales, ces insolences n'étaient pas

faites pour bien disposer les empereurs chinois à l'endroit des Européens. On les avait vus entretenir, du temps du khalifat, des relations commerciales avec les Arabes, et l'on sait par la relation d'Abou-Zeid qu'un Arabe, nommé Ibn Wahab, non-seulement parcourut la côte chinoise, mais encore se rendit à Péking, où il fut reçu par l'empereur régnant. Les merveilleux récits des *Mille et une Nuits* attestent assez l'impression que les Arabes avaient gardée de ces contrées lointaines. C'est à leur commerce avec elles que nous devons la boussole, qu'à leur tour les Arabes transmirent aux marins de la Méditerranée, à l'époque de la deuxième croisade très-probablement. Ces bons rapports, les Chinois n'auraient pas mieux demandé peut-être de les nouer également avec les Européens, si ceux-ci ne les avaient froissés et humiliés tout d'abord. Du moins un Anglais, M. John Davis, et un Américain, M. Wells Williams, auteurs tous les deux d'excellents livres sur la Chine, se montrent-ils persuadés qu'avec une conduite différente et une attitude plus digne de leur civilisation, les Européens n'auraient pas été l'objet de la crainte des Chinois d'abord, puis de leurs orgueilleux mépris, de leurs avanies continuelles et de leurs exactions incessantes.

Mais ce pli une fois contracté, les Chinois le gardèrent. Rien n'y fit désormais, ni les ambassades que les Hollandais et les Portugais envoyèrent à Péking à plusieurs reprises, ni la mission de lord Macartney en 1792, ou celle de lord Amherst quatorze ans plus tard. Le premier fut assez bien accueilli, mais il ne put rien obtenir; quant au second, il dut regagner Canton sans avoir été reçu par l'empereur, et après avoir été traité d'une façon indigne parce qu'il refusait de se soumettre aux neuf génuflexions, la tête touchant le sol, qui composent l'avilissant cérémonial appelé *to-kou*, que l'on imposait alors à toutes les personnes admises en la présence du Fils du Ciel. Ces tentatives manquées ne servirent qu'à fortifier les mandarins dans leur insolence et à confirmer la cour de Péking dans cette façon arbitraire d'en user avec les Occidentaux qu'au témoignage du P. Prémare, elle avait érigée en maxime de gouvernement. La position des Européens en résidence à Canton était des plus désagréables et des plus pénibles : on retardait le déchargement de leurs navires; on pillait leurs marchandises; on les rançonnait; on les injuriait dans des proclamations officielles qui les chargeaient des crimes les plus énormes et les désignaient à la vindicte populaire.

En 1837 et en 1838, la situation était déjà bien tendue entre les Chinois et les Anglais, lorsque les sévérités du célèbre Lin-tse-su, vice-roi de Canton, vis-à-vis du commerce interlope de l'opium, vinrent la pousser à l'extrême. L'usage de fumer ce narcotique était venu aux Chinois de l'Assam, mais il ne dut guère se répandre jusqu'à la fin du dernier siècle, puisque les *mémoires* des jésuites ne le mentionnent pas. En 1800, l'empereur le prohiba, sans grand effet d'ailleurs, les mandarins étant les premiers à s'y livrer, et si l'édit très-sévère que rendit le vice-roi de Canton, à vingt ans de distance, fit cesser le commerce régulier de l'opium, par contre, il en activa énormément la contrebande, de telle sorte que la quantité qui s'en introduisait par cette voie atteignit une valeur annuelle de plusieurs millions de dollars. Les Chinois n'ayant à offrir aux Européens, en échange de leurs articles, que des thés et des soies, la balance du commerce commença de leur être défavorable; de la gêne se fit sentir dans le recouvrement des impôts, et le gouvernement de Péking se résolut à prendre contre l'importation clandestine de l'opium les mesures les plus rigoureuses.

En 1838, un contrebandier indigène fut publiquement étranglé à Macao, sur l'ordre exprès de l'empereur. Quelques mois plus tard, on emprisonnait à Canton les marchands d'opium de cette ville et l'on y amenait enchaînés ceux des environs. En même temps, le bruit courait qu'à Hupé la police ayant arrêté des fumeurs d'opium, leur avait fait couper une partie de la lèvre supérieure, afin de les mettre dans l'impossibilité de tenir leurs pipes à la bouche. Sur ces entrefaites, le gouverneur de Hon-Kouang, nommé vice-roi de Canton, s'installa dans son nouveau poste : il arrivait muni de pouvoirs illimités afin de faire cesser le commerce de l'opium, et il n'était pas homme à les laisser dormir. A peine arrivé, Lin fit détenir dans leurs maisons, sans leur permettre de communiquer au dehors et même de se procurer des vivres, les deux cent soixante-quinze étrangers qui se trouvaient à Canton, jusques et y compris le capitaine Elliot, le représentant de Sa Majesté Britannique. Il ne les relâcha qu'après qu'ils lui eurent livré tout l'opium dont ils étaient détenteurs et qui était renfermé dans 20,300 caisses, d'une valeur de 50,000,000 de francs, qu'il fit aussitôt détruire.

A la suite de cette équipée, le capitaine Elliot et tous ses concitoyens se retirèrent à Macao, sous la protection des autorités portugaises; mais l'intention de Lin n'était pas de les y laisser tranquilles, et il prit des mesures pour leur couper les vivres. Elles causèrent une irritation des plus vives parmi les Européens, irritation qui s'accrut à la nouvelle que des soldats chinois avaient attaqué le petit schooner *The Black Joke*, qui se rendait à Hongkong, blessant ou tuant son équipage et laissant pour mort un passager, avec ses oreilles coupées et placées dans sa bouche. Les Anglais se retirèrent alors à Hongkong pour la plupart. Le capitaine Elliot n'avait pas cependant perdu tout espoir d'une solution pacifique ; il négociait à cet effet, non sans quelque apparence de succès, lorsqu'une collision survint entre la flottille de seize jonques que commandait l'amiral Kouang et les deux bâtiments de guerre anglais, le

Volage et l'*Hyacinthe*. A partir de ce moment, les événements se précipitèrent : le vice-roi annonça la cessation de tout commerce avec la Grande-Bretagne, tandis que le capitaine Smith, commandant de la section anglaise, déclarait la côte chinoise en état de blocus.

Ces événements se passaient en décembre 1839 : le 4 juillet suivant, cinq grands vaisseaux de guerre, trois steamers, vingt-un transports paraissaient en vue de l'archipel de Chusan et y jetaient trois mille hommes, qui s'emparaient presque sans coup férir de Tinghaï, la principale de ses villes. Des négociations se renouèrent, mais le parti de la guerre qu'inspirait Lin, tombé en disgrâce pour avoir provoqué les hostilités, l'emporta, et l'empereur publia un décret où il ordonnait l'extermination des *Barbares* et promettait 250,000 francs pour la tête du capitaine Elliot ou de tout autre chef anglais. Quittant alors le mouillage de Chusan, l'escadre anglaise mit le cap sur la rivière de Canton et s'empara des forts qui la défendent (26 février 1841). Le lendemain, elle détruisait une batterie tout près de Canton même, et allait se porter sur cette ville lorsque les Chinois sollicitèrent et obtinrent une trêve. Elle cachait un plan de massacrer les Européens, dès qu'ils seraient rentrés dans leurs factoreries, et cette trahison n'échoua que par suite des indiscrétions de ses auteurs. Ceux des négociants anglais qui étaient rentrés à Canton, furent invités à se réfugier à bord de l'escadre, et celle-ci, après une vaine attaque des Chinois, remonta la rivière. Une lutte vigoureuse lui livra les forts de Canton, et rien n'empêchait plus les troupes anglaises d'occuper cette ville lorsque les Chinois offrirent, pour la racheter, 30 millions de francs qu'ils payèrent immédiatement.

Cependant, le 10 août 1841, un nouveau plénipotentiaire, sir Henry Pottinguer, était arrivé d'Angleterre avec des renforts, et le 21, il quittait Hongkong à la tête de neuf vaisseaux de ligne, quatre steamers, vingt-trois transports et trois mille six cents hommes de troupes de débarquement. Après avoir enlevé Amoy, ces forces s'emparèrent de Tchiang-haï et de Ningpo, puis de Chapou, dont les fortifications furent enlevées assez facilement, mais où trois cents Tartares, renfermés dans un temple, se firent tuer jusqu'au dernier. De Chapou, l'expédition se dirigeant vers Woussoung, forteresse qui défendait l'embouchure de la rivière de Shanghaï, s'en emparait et remontait ensuite le Yang-tse, ou fleuve Bleu, dans la direction de Nanking. Aucun obstacle n'arrêta sa marche jusqu'à Tching-kiang-fou, près du grand canal; mais il y avait là 2,700 Tartares Mandchoux qui firent la plus belle résistance et qui, vaincus, se tuèrent eux-mêmes pour la plupart, par amour-propre militaire ou dans la croyance que les Anglais ne leur feraient pas quartier. L'expédition gagna Nanking et s'apprêtait à l'attaquer, lorsque, le 16 août 1842, le commissaire impérial Kiyng demanda un armistice et signa des préliminaires de paix.

Ratifiés treize jours plus tard par la cour de Péking, ils portaient en substance que l'île de Hongkong serait cédée au gouvernement britannique, et quatre ports — Amoy, Fou-tcheou, Ning-po, Shanghaï — ouverts au commerce européen. Mais il devint bientôt clair pour tout le monde que cette paix, arrachée au gouvernement chinois sous la pression de la peur, ne serait pas durable, et, de fait, l'histoire des treize années qui s'écoulèrent entre sa signature et la reprise des hostilités, ne fut que l'histoire des avanies quotidiennes faites aux Européens, des piéges qu'on leur tendait et des attentats commis contre leurs biens et leurs personnes. Un jour, c'était la populace de Fou-tcheou qui crachait à la figure des Anglais, ou bien celle de Canton qui se ruait sur les hangars où ils abritaient les canots de leurs vaisseaux de guerre, et qui menaçait de les incendier. Une autre fois, c'était M. Meadows, interprète du consulat de Canton, que des pirates attaquaient sur la rivière et qui ne parvenait à sauver sa vie qu'en tuant de sa main deux de ces misérables et en gagnant le bord à la nage; M. Amaral, gouverneur portugais de Macao, dont les mandarins mettaient la tête à prix et qu'une dizaine de Chinois assassinaient, emportant dans un sac sa tête et sa main ; le lieutenant de vaisseau français de Lisle, qu'on volait après l'avoir blessé ; le commandant Johnston, qu'on lapidait. Bref, vers le milieu de 1856, les choses avaient pris cette tournure, qu'un factum, imprimé à Canton et répandu à profusion, menaçait de mort tout Européen qui oserait se promener dans la campagne, et trois mois ne s'étaient pas écoulés que le vice-roi de cette même ville répondait aux réclamations des autorités anglaises, à propos d'une insulte faite à leur pavillon, par une proclamation offrant 300 francs par tête d'Anglais qu'on lui apporterait [1].

L'amiral anglais Seymour détruisit alors une flottille de vingt-trois jonques et s'empara des forts chinois des deux bords de la rivière, dont les Américains, pour tirer vengeance d'un coup de canon tiré sur leurs vaisseaux, avaient déjà démoli quelques batteries. Par malheur, les Anglais n'étaient pas assez en force pour occuper Canton : les Chinois, profitant de cette situation, attaquèrent les factoreries et y mirent le feu, tandis qu'à Hongkong un boulanger empoisonnait le pain de la colonie européenne. En cette extrémité, les Anglais tinrent conseil : il y fut décidé qu'ils se retireraient, ne laissant qu'une garnison de 300 hommes dans le fort *Macao*, qui est sur une île de la rivière. Le brave capitaine Bates, qui la commandait, tint bon pendant cinq mois dans son poste solitaire et dut l'évacuer à son tour.

Dans la nouvelle campagne qui allait s'ouvrir,

1. Nous empruntons ces détails à l'excellent livre de M. Sinibaldo de Mas, ancien ministre d'Espagne en Chine, *la Chine et les Puissances chrétiennes*.

l'Angleterre eut la France pour auxiliaire. Elle débuta par le bombardement de Canton et sa prise d'assaut par les corps de débarquement anglo-français (29 septembre 1857). Maîtres de cette ville, lord Elgin, l'ambassadeur anglais, et le baron Gros, l'ambassadeur français, tentèrent, avant d'aller plus loin, un dernier effort pacifique. Mais leur démarche, à laquelle s'associèrent les représentants de la Russie et des États-Unis, le comte Poutiatine et M. Mac-Lane, resta sans réponse directe, et ce fut seulement vers le 15 mai 1858 qu'ils apprirent, par l'entremise du comte Poutiatine, le refus de l'empereur de les recevoir à Péking. Les forces alliées stationnaient en ce moment même dans le golfe de Pé-tchi-li, en face des bouches du Peï-ho, fleuve sur un affluent duquel est situé Péking. Le 20 mai au matin, elles sommèrent de se rendre les forts qui défendaient ces bouches et qui s'élevaient sur l'une et sur l'autre rive du fleuve, près du village de Ta-kou. Pour toute réponse, les forts ouvrirent les premiers un feu si mal nourri, malgré leurs cent cinquante pièces, qu'au bout de deux heures, l'artillerie des canonnières à vapeur anglaises et françaises l'avait presque éteint. Des troupes ayant été débarquées, les garnisons des forts prirent la fuite : seule une batterie extérieure fit une vigoureuse résistance, et sa prise termina la journée.

De Ta-kou, le corps expéditionnaire se porta sur Tien-tsin, grande ville près de laquelle le Grand Canal débouche dans le Peï-ho et qu'on peut regarder comme le port de Péking et son principal marché de grains. Les ambassadeurs de France, d'Angleterre, de Russie et des États-Unis ne tardèrent point à les y rejoindre, avec l'escadre alliée : ils n'y attendirent pas longtemps les deux hauts mandarins que l'empereur, terrifié du coup de main de Ta-kou et voyant sa capitale menacée de la famine, se hâta de leur envoyer pour traiter des conditions d'une paix nouvelle. De ces pourparlers sortit le traité dit de Tien-tsin, qui ouvrit aux Européens de nouveaux ports et rendit la navigation du fleuve Bleu libre depuis la mer jusqu'à Han-keou, ville située à 960 kilomètres dans l'intérieur des terres, en même temps qu'il garantissait aux Européens la faculté de voyager par toute la Chine, munis d'un passeport, proclamait la liberté du culte chrétien et, par l'admission d'un ministre anglais à Péking, consacrait virtuellement le droit des autres signataires du traité d'être également représentés en cette ville. De toutes les concessions ainsi arrachées à l'orgueil chinois, aucune ne lui fut plus pénible que celle-ci; mais lord Elgin insistait, les troupes alliées menaçaient de marcher sur la capitale, et l'empereur céda.

Il le fit de très-mauvaise grâce et avec une arrière-pensée qui ne se donna point la peine de se déguiser longtemps, comme il y parut de reste par le texte même du décret que publia la *Gazette* de Péking du 25 juillet pour annoncer le départ de Tien-tsin des forces alliées. « Les *Barbares*, » lisait-on dans

cet étrange document, « les Barbares étaient mon-
« tés avec leurs vaisseaux jusqu'à Tien-Tsin ; mais, à
« la suite des ordres que Kouei-liang et son collègue
« leur communiquèrent avec une affectueuse sévé-
« rité, ils levèrent l'ancre et s'en allèrent dans la
« haute mer. » Cette façon d'écrire l'histoire, qui
n'est point particulière à la Chine, fit sans doute
sourire lord Elgin ; mais il s'offusqua de cette appellation de *Barbares*, qui continuait de figurer dans une
proclamation impériale, alors que l'article 51 du
traité de Tien-tsin en proscrivait l'emploi. C'était un
symptôme, et un symptôme aussi alarmant que si-
gnificatif, des vraies dispositions de la cour de Péking
que tant de sévères leçons n'avaient pas encore réussi
à changer. Le moment venu d'échanger les ratifica-
tions du traité, qui n'avait été que publié, ces dispositions éclatèrent. C'était à Péking que cet acte devait avoir lieu et la date fixée était le 26 mai 1859 ;
mais, arrivés à Shanghaï, M. Frédéric Bruce, frère de
lord Elgin, et M. de Bourboulon, ministres plénipotentiaires de la France et de l'Angleterre, apprirent
que les mandarins avec qui ils auraient à s'aboucher,
avaient quitté Péking pour les joindre à Shanghaï
même. Il devint bientôt évident que ces commis-
saires avaient pour mission de traîner les choses en
longueur. Après avoir fait insinuer à M. Bruce et à
M. de Bourboulon qu'ils feraient bien, pour se rendre
à Péking, de prendre la route terrestre, qui est celle
des ambassades tributaires, ils alléguèrent qu'eux-

mêmes n'étaient pas autorisés à faire ce voyage par mer. Mais, repoussant l'insinuation de changer leur itinéraire comme injurieuse pour leurs deux pays, et n'ayant pas de temps à perdre pour discuter avec les Chinois la portée de leurs propres instructions, les plénipotentiaires européens partirent pour le Peï-ho, en face de la barre duquel ils arrivaient le 20 juin, avec une escadre de cinq ou six grands navires et de onze petits steamers.

Les cinq forts de Ta-kou avaient été rebâtis, et, bien qu'aucun soldat ne se vît sur leurs remparts, aucun canon dans leurs embrasures, ils renfermaient une garnison nombreuse. De grosses poutres reliées par des chaînes et des gueuses de fer, également enchaînées les unes aux autres, barraient en outre le fleuve et opposaient aux canonnières un triple obstacle. Les onze canonnières, après avoir forcé la première et la seconde de ces estacades, s'avançaient vers la troisième, quand tout à coup les nattes qui masquaient les embrasures des forts, tombant toutes à la fois et comme par enchantement, les batteries rasantes du rivage ouvrirent un feu terrible. En un instant, d'énormes projectiles, dirigés avec une précision peu ordinaire aux Chinois, blessaient grièvement l'amiral Hope, commandant de l'escadrille, et désemparaient six de ses canonnières. L'escadrille se replia, et l'ordre fut donné de jeter à terre les troupes de débarquement afin d'enlever d'assaut les forts. Leurs batteries se taisaient alors ; mais, au moment où le premier canot chargé de troupes touchait au rivage, elles vomirent de nouveau une pluie de projectiles de toute espèce, boulets, obus, paquets de mitraille, fusées. Décimés par ce feu, empêtrés dans une boue où ils enfonçaient jusqu'aux genoux et parfois jusqu'à la ceinture, les assaillants, de mille qu'ils étaient en touchant terre, étaient cent à peine en arrivant au premier des trois larges fossés des forts. Ils firent d'héroïques, mais vains efforts pour les franchir, et l'ordre leur fut enfin donné de battre en retraite.

A Péking, on parut moins s'enorgueillir que s'effrayer de ce triomphe, et loin de molester les Anglais dans les ports libres, on les caressa pour le leur faire oublier. L'empereur et ses ministres eurent sans doute le pressentiment de ce qu'il allait coûter à la Chine; et, de fait, un an s'était écoulé à peine que 260 navires anglais et français se réunissaient dans la baie de Ta-tien, ayant à bord environ 30,000 hommes de troupes, dont une division placée sous les ordres du général français Cousin-Montauban. Débarqués le 1ᵉʳ août 1860 à Pe-tang, au nombre de 16,000, les alliés emportaient le 16 les forts du Peï-ho, occupaient Tien-tsin, et marchaient ensuite sur Péking. On était alors au 9 septembre : le 6 du mois suivant, le général Cousin-Montauban, à la tête de sa division et d'un régiment de cavalerie anglaise, se trouvait devant le célèbre *Youen-ming-youen*, ou palais d'été de l'empereur, après deux déroutes infligées aux troupes impériales, dont l'une est célèbre en France sous le nom de bataille de Pa-li-kao. Depuis quelques jours, l'empereur avait fui de cette résidence, la laissant à la garde de trois cents eunuques et d'une vingtaine de gardiens, qui firent un simulacre de résistance et blessèrent deux officiers français. On y trouva d'immenses richesses en objets de toute sorte, qui furent livrées au pillage, et l'on sait qu'au moment de la retraite des alliés lord Elgin y fit mettre le feu, comme châtiment de l'infâme conduite des autorités chinoises envers les Français et les Anglais qu'elles avaient retenus prisonniers, malgré leur qualité de parlementaires, et qu'elles avaient ensuite torturés ou fait décapiter [1].

Dans la matinée du 24 octobre, lord Elgin, porté dans sa grande chaise officielle par seize Chinois habillés d'écarlate, et sir Hope Grant, le général en chef des forces anglaises, entouré de son état-major e tde cent officiers des troupes stationnées à Péking, entrèrent dans cette ville et se rendirent au *Conseil des cérémonies*, pour échanger avec le prince Koung, mandataire de l'empereur, la ratification solennelle

---

1. Le major d'artillerie Brabazon, le lieutenant de cavalerie Anderson, M. Browlby, correspondant du *Times*, l'abbé Duluc, quatre officiers français et quelques soldats eurent la tête tranchée. M. Norman, premier attaché à l'ambassade anglaise, devint fou des tortures qu'on lui infligea et mourut délirant. Deux des survivants, M. Perkes et le comte d'Escayrac de Lauture, qui était en Chine avec une mission scientifique, ont raconté leurs souffrances et celles de leurs compagnons.

du traité de Tien-tsin. Le lendemain, le baron Gros accomplit, mais avec une moindre pompe, la même formalité pour l'instrument français. Alors les troupes alliées évacuèrent Péking, les Français, le 1ᵉʳ novembre, et les Anglais, le 8.

Tandis que le gouvernement chinois était ainsi aux prises avec les puissances occidentales, un soulèvement intérieur menaçait son existence même. Dès 1851, un aventurier du nom de Hung-seu-Tsuen, qui faisait dans son programme révolutionnaire l'étrange amalgame des doctrines chrétiennes et des doctrines communistes, s'était proclamé empereur. Il eut bientôt recruté de très-nombreux adhérents qui, sous la bannière de la paix universelle, *Taë-ping*, et grossis de bandes de voleurs ou d'adeptes des sociétés secrètes hostiles à la dynastie mandchoue, s'emparèrent, en 1852, de Han-keou, et, l'année suivante, de Nanking. Elle devint la grande place d'armes des Taë-ping, leur point d'attaque et de repère à la fois : ils en partirent pour s'étendre successivement dans les provinces de Fou-kien, de Kouang-si, de Kouang-toung, de Kiang-si, et de Hu-nan, et, quand leur étoile commença de pâlir, ce fut encore sous les murs de Nanking qu'ils livrèrent leur dernière bataille. Elle fut désespérée : ce fut sur des monceaux de cadavres et à la suite d'un terrible assaut que les troupes impériales entrèrent dans la ville. Mais cela se passait en 1864, de sorte que l'insurrection n'avait pas duré moins de dix ans et avait semblé, plus d'une fois, sur le point d'être définitivement victorieuse.

Quoique plus locale, tout en ayant encore pour théâtre cinq provinces, — le Chen-si, le Chan-si, le Kiang-si, le Kan-sou et l'Yun-nan, — la grande rébellion mahométane, ou des *Panthays*, nom dont la dérivation reste incertaine, puisque les uns y voient la corruption d'un terme birman qui désigne les musulmans en général, tandis que d'autres la font venir du mot chinois *Pun-tai* s'appliquant aux aborigènes d'un pays, la rébellion mahométane a duré plus longtemps encore. Elle éclata vers 1855 ou 1856, à la suite des prédications d'un mandarin qui, retiré des affaires, crut faire, comme dit M. l'abbé David, une œuvre patriotique, une merveille, en excitant ses concitoyens du Chan-si à exterminer une bonne fois pour toutes les *Houy-houy* de l'empire. Il ne fut que trop écouté : des bandes de Chinois se ruèrent sur les paisibles populations musulmanes, et celles-ci, devenues furieuses à leur tour, se répandirent dans toute la province, marquant partout leur passage par l'incendie et le massacre [1].

En 1872, l'insurrection n'était pas encore entièrement domptée; il est vrai qu'elle ne tenait plus qu'une seule position, la ville de Ta-li-fu, dans l'Yun-nan occidental. Mais la nature avait rendu cette position formidable : de trente à quarante mille musulmans s'y

---

1. *Journal de mon troisième voyage d'exploration en Chine.*

étaient retranchés, munis d'abondantes provisions de bouche et prêts à la dernière résistance. L'artillerie des Chinois, qui était servie par des Européens, les empêchait de se risquer en rase campagne; ils tinrent bon du moins derrière leurs murs jusqu'à ce que les vivres leur fissent défaut. Leur chef se laissa dire qu'en se sacrifiant lui-même, il sauverait la vie de ses compagnons d'armes : il administra donc du poison à ses trois femmes et à ses cinq enfants ; puis, vidant lui-même la coupe fatale, il se rendit au camp chinois. Mais son cadavre y arriva seul ; on en détacha la tête qui fut envoyée à Péking, confite dans du miel. Le général chinois exigea ensuite que tous les défenseurs de Ta-li-fu déposassent leurs armes : ils obéirent et furent immédiatement massacrés jusqu'au dernier. Le même sort devint le partage des habitants de la ville eux-mêmes, depuis l'enfant en bas âge jusqu'au vieillard en cheveux blancs [1].

Depuis le traité de 1860, le gouvernement chinois est en bons rapports apparents avec les puissances occidentales : s'il n'est pas satisfait, il se résigne et contre mauvaise fortune fait bon cœur. Il ne faudrait pas cependant se laisser trop prendre à ces apparences, et s'il survenait aux Anglais quelques embarras dans l'Inde, qui sait si l'on ne serait pas heureux à Péking d'une nouvelle occasion de leur être

---

1. John Anderson, *De Mandalay à Momien* : relation des expéditions à la Chine occidentale du major Sladen en 1868 et du colonel Horace Browne en 1875 (en anglais).

désagréable? En attendant, le *Fils du Ciel* et ses conseillers n'ont déserté aucune de leurs vieilles rancunes ; ils ne se sont nullement réconciliés avec la civilisation exotique dont le contact leur a été imposé par la force, et, dans la limite du moins de ce que les traités les laissent libres de faire, ils ne déguisent guère le fond de leur pensée intime.

C'est ainsi que certaines maisons importantes de Shanghaï ayant imaginé, il y aura quatre ans bientôt, de faire cadeau au dernier empereur du matériel d'un chemin de fer destiné à relier Tien-tsin à Péking, la réponse, qui était un refus formel, ne se fit point attendre. Il est vrai que les donateurs éconduits ont utilisé depuis ce matériel en construisant un bout de voie ferrée, long d'environ 20 kilomètres, entre Shanghaï et le village de Woussoung, près duquel le Wong-poo, la grande rivière qui passe à Shanghaï, débouche dans le fleuve Bleu. Cet embryon de chemin de fer, un de nos compatriotes l'a même parcouru sur ses quelques kilomètres alors revêtus de rails, en présence d'une foule rieuse, bruyante, émerveillée, examinant curieusement la machine à ses temps d'arrêt, évidemment intéressée et exprimant dans son ensemble un étonnement intelligent. Mais M. le docteur Durand-Fardel, qui a vu ce spectacle, nous apprend aussi que les travaux furent conduits avec une rapidité extrême et les terrains achetés sous main, par crainte des tracasseries et des chicanes qu'à défaut d'obstacles légaux on était sûr de rencontrer chez les mandarins. Les terrains une fois livrés, leur colère tomba sur l'un des vendeurs : le malheureux reçut deux cents coups de bambou, appliqués sans doute d'une façon spéciale, puisqu'il en mourut deux jours après. L'émoi fut très-grand parmi les autorités de la province, et de Nanking se propagea jusqu'à Péking où l'on parla, paraît-il, de disgrâces, de destitutions, de pertes de boutons [1].

Si le peuple chinois était moins gêné dans ses propres allures, si son génie essentiellement mercantile était entièrement livré à ses inspirations personnelles, peut-être les choses affecteraient-elles un tout autre cours. Le commerce de nos jours s'est fait le grand agent des transformations sociales, le pionnier de la civilisation, et, là où échouent des forces en apparence bien autrement puissantes, il opère, lui, des conquêtes durables. Il réussit à rapprocher des nations que leurs mœurs et leurs religions, plus encore que les océans ou les déserts, semblaient séparer à jamais. Jusqu'ici, l'orgueilleuse bureaucratie de l'empire s'est sans doute soustraite à son action; elle a tout fait même pour entraver sa marche, semant sous ses pas des obstacles et des piéges de toutes sortes : taxes légales ou illégales imposées aux marchandises qui traversent les provinces, monopoles oppressifs, voies de communication mal entretenues ou absentes, moyens de transport insuffisants. Ce qu'elle n'a pu

---

1. *Revue politique et littéraire,* n° du 20 mai 1876.

empêcher toutefois, c'est la lente infiltration des idées et des habitudes européennes au sein des classes commerçantes du pays. Ces idées et ces habitudes s'importent avec les ballots de cotonnades de Manchester, et c'est en échangeant quotidiennement des marchandises avec les *Barbares* que les fils du Céleste empire voient tomber, pièce par pièce, leur vieille armure nationale, leur épaisse couche d'orgueil, d'égoïsme et de préjugés.

Souvenons-nous que ce peuple est un des plus industrieux et des plus économes qui soient au monde, qu'il tire parti de tout et qu'aujourd'hui, comme au temps du P. Athanase Kircher, « il n'est pas un fétu « qu'il ne lave, vende et mette en quelque usage »[1]. A une époque où non-seulement le peuple d'Athènes et la plèbe romaine, mais encore de grands esprits, tels que les Platon, les Aristote, les Cicéron tenaient en mépris le travail et les arts manuels, il existait là-bas une ruche de gens très-laborieux et très-avancés dans la pratique des arts industriels. Les Chinois se servaient, de temps presque immémorial, de ces semoirs mécaniques et de ces machines à vanner qui n'ont obtenu droit de cité chez nous que depuis une trentaine d'années seulement. Dès le XVIe siècle avant Jésus-Christ, ils irriguaient leurs terres, et, au XIe siècle, ils suspendaient sur des culées hautes de cinq cents pieds le fameux viaduc du Chan-si, d'une seule

---

1. *La Chine*, traduction Dalquié; Amsterdam, 1670.

travée de quatre cents. Au VIIe siècle de notre ère, ils s'éclairaient au gaz ; au IXe, ils extrayaient le rhum de la canne à sucre. ils fabriquaient la céruse et le sucre de fécule, que les expériences de Kirchoff ne nous ont fait connaître qu'en 1811 ; tout cela se trouve indiqué dans un de leurs livres, qui porte le millésime de 1578.

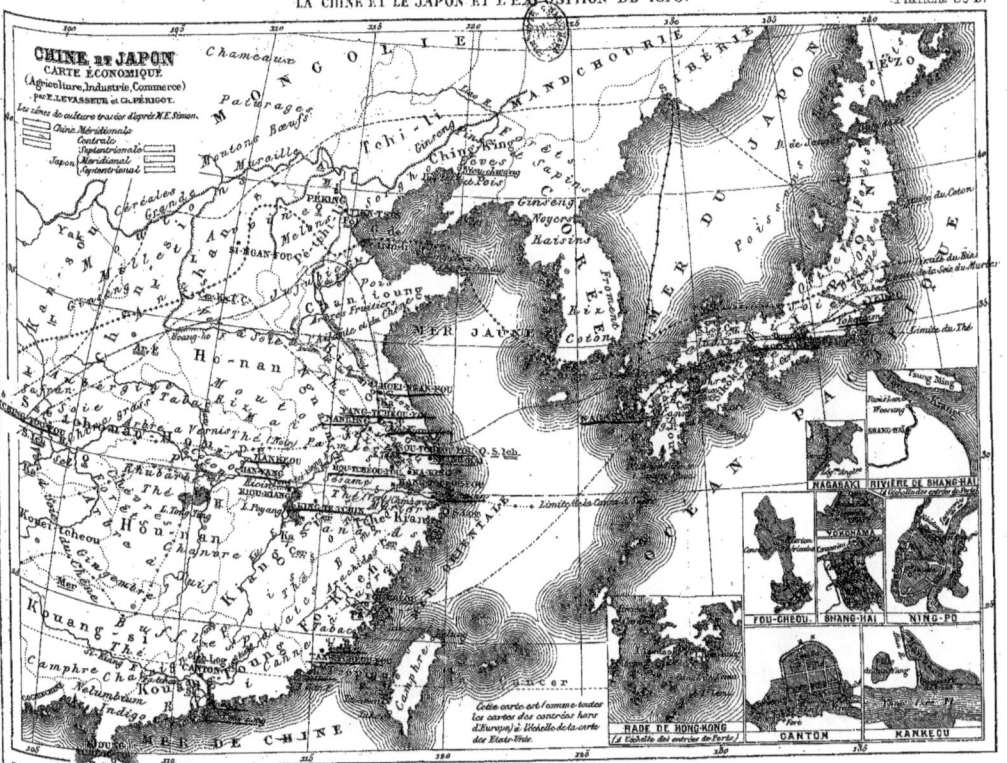

LA CHINE ET LE JAPON ET L'EXPOSITION DE 1878.

DESCRIPTION GÉOGRAPHIQUE

DE LA CHINE

Physiquement parlant, la région chinoise fait partie du versant asiatique du grand Océan. Des puissants massifs de l'Asie centrale, notamment du Kouh-kounor et du Kien-loun, se détachent des chaînes qui font du Tibet oriental et de la Chine occidentale un des pays les plus élevés du monde. Elles séparent, sous le nom de monts Nan-ling, les deux grands bassins hydrographiques du Yang-tse-kiang et du Hoang-ho, et jettent entre ces deux fleuves, sous le nom de monts Pe-ling, des masses confuses et si considérables qu'elles les forcent à couler d'abord à 1,600 kilomètres l'un de l'autre, l'un au nord, l'autre au sud. Elles s'abaissent ensuite et finissent vers le Pacifique en coteaux et en plaines. Il résulte de cette disposition topographique une grande variété de climats selon les latitudes et les altitudes, de telle sorte que le froid règne au nord, tandis que la chaleur est tempérée dans les plaines du centre ou de l'est, et tropicale au sud des Nan-ling.

Les bassins du Yang-tse-kiang et du Hoang-ho comprennent presque toute la Chine proprement dite. Le premier de ces cours d'eau que nous appelons aussi, mais à tort, le fleuve Bleu, ce qui ferait croire qu'il roule des eaux bleues, tandis que ses eaux sont tantôt d'un vert magnifique, tantôt jaunâtres, le Yang-tse-kiang est un fleuve immense, dont le parcours n'est pas moindre de 5,000 kilomètres. Sorti de la province montagneuse du Yun-nan et formé de deux torrents, qui descendent eux-mêmes du pied des monts Kouen-loun, il arrose, des montagnes à l'Océan, une plaine magnifique, d'une fertilité rare même en Chine où le mûrier croît en forêt, et que couvrent partout des rizières et des plantations de coton de jaune, des champs de tabac, de thé et de cannes à sucre. Vers Nanking, à 350 kilomètres de la mer, le flux et le reflux commencent de s'y faire sentir, et, devant Nanking même, on dirait un bras de mer. Il se jette dans la mer Orientale, par une embouchure large de sept lieues, avec une telle impétuosité qu'on aperçoit au loin le sillage de ses eaux sur les vagues.

Le Yang-tse-kiang est le fleuve chéri des Chinois : ils l'appellent souvent le grand fleuve *Ta-kiang*, ou simplement le Fleuve ; ils disent de lui que, de même que la mer n'a pas de rives, le Kiang n'a pas de fond. C'est pourtant un fleuve destructeur et dont les inondations sont presque aussi terribles que celles du Hoang-ho ou fleuve Jaune lui-même. Ce fleuve qui sort des monts Kouhkounor, après avoir franchi deux fois la grande muraille, pénètre dans la grande plaine de la Chine et allait finir, il y a quelques années, dans la mer Jaune ou de Corée. Mais la grande irruption du fleuve Jaune en 1857, en a rejeté le lit vers le nord, et aujourd'hui c'est dans le golfe de Pe-tchi-li qu'il débouche. Cette catastrophe coûta la vie à plusieurs millions d'hommes, dit-on, et chassa de la Chine même de nombreuses familles, qui sont allées coloniser les plaines de la Mandchourie.

Ce même débordement du Hoang-ho a rendu innavigable sur un long parcours le *Yu-ho* ou Canal Impérial, une des œuvres dont les Chinois sont le plus fiers et à très-juste titre. Long d'environ 5,000 kilomètres et large de 60 à 300 mètres, le Grand Canal a été construit pour relier Canton à Péking, le sud de l'empire au nord. Dans les lieux bas et marécageux, il coule pour ainsi dire en l'air, exhaussé et contenu entre deux chaussées qu'épaulent des murs épais de 4 mètres et composés de blocs de marbre assemblés par des crampons de fer. Ailleurs, il a fallu, pour livrer passage au canal, éventrer des montagnes ou creuser des tranchées profondes de 20 ou 30 mètres. C'est vraiment dommage qu'un travail aussi gigantesque, ensablé ici et comblé là, ne porte plus que par intervalles ces milliers de jonques, ces innombrables canots, ces maisons flottantes qui le vivifiaient jadis et qui en faisaient la route par excellence du pays.

Politiquement et administrativement, le pays se divise en 18 provinces, comprenant chacune un certain nombre de départements ou *Fou*, lesquels se divisent, à leur tour, en arrondissements ou *Tcheou*, partagés eux-mêmes en cantons ou *Tou*. Sous le rapport géographique, ces dix-huit provinces peuvent se classer comme suit :

1° 5 orientales. — *Tche-ly*, qu'on appelle aussi le « territoire impérial » et dont le chef-lieu Péking est en même temps la capitale de tout l'empire, *Chantoung* (orient de la montagne), *Kiang-sou*; *Tche-kiang* et *Fou-kiang*.

2° 2 méridionales. — *Kouang-toung* (l'orient du Kouang) et *Kouang-si* (l'occident du Kouang).

3° 2 occidentales. — *Yun-nan* (le midi orageux); *Sze-tchouan* (les quatre fleuves).

4° 6 centrales : *Ho-nan*, *Hou-pe* (partie nord des lacs), *Hou-nan* (partie sud des lacs); *Ngan-houei* (l'arrondissement distingué), *Kouei-tcheou* et *Kiang-si*.

5° 3 septentrionales. — *Chen-si*, *Chan-si* et *Kan-sou*.

Ces provinces sont fort diversement peuplées : il y en a, telles que le Hu-pe, le Fou-kiang, le Ngan-houeï, le Kiang-sou, auxquelles on accorde de trente à quarante millions d'habitants, et d'autres, comme le Koueï-tcheou et le Yun-nan, qui n'en ont pas plus de cinq. Il est vrai que le Yun-nan est resté jusqu'ici un pays pauvre, quoiqu'il renferme des vallées très-fertiles, qu'il produit des thés de qualité supérieure et que son sous-sol renferme d'immenses richesses minérales. Mais il ne tire aucun parti de ces avantages naturels, faute de débouchés vers le riche bassin du fleuve Bleu ou vers l'Indo-Chine, régions auxquelles il sert naturellement de trait d'union. Le Yun-nan a, en outre, beaucoup souffert de la rébellion musulmane, comme des dévastations des *Tchang-Mao*, ou Longs-Cheveux, ainsi nommés de ce que, contrairement à la coutume chinoise, ils ne se rasent pas la tête. Ces Tchang-Mao, dont les musulmans acceptèrent le concours, n'étaient que des bandits vulgaires et qui ne s'en cachaient pas : interrogé par M. l'abbé David sur les motifs qui lui avaient fait prendre les armes, un de leurs principaux chefs répondit tout naïvement que c'était le désir de s'enrichir.

Les Chinois ont un penchant très-marqué pour la vie urbaine : dans aucun pays du monde, on ne trouve plus de villes largement peuplées, en faisant même la part de l'exagération manifeste qui s'est glissée dans certaines supputations de cette sorte. Ainsi, il a été longtemps question pour Péking de deux, de trois, de quatre, voire de dix millions d'habitants, tandis que c'est tout au plus si elle en renferme 1,500,000, et qu'à s'en tenir à 1,000,000 on serait peut-être plus exact. A la vérité, Péking est une capitale en pleine décadence ; c'est, suivant le mot d'un voyageur, une ville qui se ronge, une ville qui se désagrége, que dans un siècle il faudra abandonner et que dans deux siècles on découvrira, comme une autre Pompéi, mais ensevelie dans sa poussière. Avec ses admirables murailles surmontées de pagodes aux toits coniques et vernissés, avec ses portes monumentales, sa triple enceinte et son palais impérial qui est à lui seul toute une cité ; avec ses rues bruyantes et garnies de pittoresques boutiques, avec ses parcs, ses canaux, ses étangs, Péking était, il y a un millier d'années, une des merveilles de l'Orient. Aujourd'hui, ces rues sont des cloaques, où le visiteur enfonce jusqu'aux genoux dans des amas d'immondices séculaires ; ces canaux sont à sec, et leurs ponts de marbre rose, désormais inutiles, tombent en ruines ; ces parcs sont devenus des déserts, et dans cette ville où rien ne se répare, mais où il est défendu de rien démolir sous les peines les plus sévères, les terrains vagues empiètent chaque jour ; d'affreuses masures s'accolent aux arcs de triomphe délabrés.

Dans le voisinage de Péking, deux villes, Toung-tchou et Tien-tsin, compteraient, dit-on, l'une 400,000 âmes, l'autre 500,000 et même 900,000. Dans la province de Chan-toung, qui succède le long de la côte orientale à celle de Pe-tchi-li, il y a deux villes d'une centaine de mille âmes, mais qui n'ont rien, par ailleurs, d'intéressant. C'est autre chose dans la province de Kiang-sou ; ici, on rencontre : Nanking, la vieille capitale de la Chine, célèbre par sa tour de porcelaine et le tissu qui porte son nom, mais cruellement éprouvée par la guerre civile ; Sou-tchou-fou, qu'on a surnommée la Venise chinoise, ville de luxe et de plaisir, dont la population est de 500,000 âmes selon les uns, et de 1,000,000 selon les autres ; Shanghaï, près de l'embouchure du fleuve Bleu, que son voisinage des districts à thé et à soie a déjà rendue une des premières places commerciales de l'empire. Dans les provinces également côtières du Tché-kiang, du Fou-kiang, de Kouang-toung, on rencontre : dans la première, Hang-tchou, à l'extrémité sud du Grand Canal, à laquelle on donne 1,000,000 d'habitants, et Ning-po (400,000 h.), qui fait un grand commerce ; dans la seconde, Fou-tchou (600,000 h.), où l'on vend le meilleur thé noir et qui est, de même qu'Amoy (300,000 h.), sur une île près du rivage, un port très-fréquenté par l'émigration chinoise ; dans la troisième, Kouang-toung, notre Canton, peuplée de 1,000,000 d'habitants, si l'on compte parmi eux la population des dix mille bateaux à l'ancre sur sa rivière et qui forment une vraie ville flottante. Canton renferme, comme Péking, une cité tartare et une cité chinoise ; c'est toujours une grande place commerciale, mais la concurrence de Shanghaï lui fait tort.

Le Kouang-si, limitrophe du Tonquin, n'a pas de villes énormes, pas plus que l'Yun-nan ; mais, dans le Sze-tchouan, on trouve Tching-tou (800,000 h.), située sur un affluent d'Yang-tse-kiang, ville très-remarquable tant par sa propreté et son élégance que par l'aménité de ses habitants, et Tchou-ting, dont les maisons s'élèvent en amphithéâtre sur les rives du fleuve Bleu et dont la population est évaluée à 250,000 âmes selon les uns, à 700,000 selon les autres. Au centre, le Hou-pe possède les deux grands centres de Han-keou et d'Ou-chang, que le fleuve Bleu sépare et que l'on peuple, l'un de 800,000, l'autre de 500,000 habitants. On prétend que San-tang, dans le Hou-nan, en aurait un million, et Nan-tchang-fou, chef-lieu de la province de Kiang-si, est également une agglomération fort importante.

Le Kiang-si est, depuis des siècles, le centre de la fabrication de ces belles porcelaines translucides, dont les Portugais apportèrent au XVIe siècle des échantillons en Europe, mais sans s'être renseignés sur les procédés auxquels on les devait, laissant ainsi au P. d'Incarville le mérite de les divulguer, près de trois cents ans plus tard. Le chef-lieu de la province est naturellement l'entrepôt de toutes les porcelaines qu'on y fabrique : il renferme plusieurs magasins immenses, remplis de produits de toute sorte, de toute grandeur et de toute qualité, depuis ces urnes grandioses qui représentent en relief des scènes de la vie chinoise, richement coloriées, jusqu'à ces petites tasses si frêles, si délicates, si transparentes qu'on leur a donné le nom de coques d'œufs. Mais la fabrication elle-même siège à King-tee-tching, grande ville à laquelle M. l'abbé Huc, qui l'a visitée, accorde, avec quelque libéralité peut-être, un million d'habitants, presque tous occupés à faire de la porcelaine ou bien à en commercer. « Il y règne, dit-il, une activité difficile à décrire. A chaque instant du jour, on voit s'élever d'épais tourbillons de fumée et des colonnes de flamme qui donnent à King-tee-tching un aspect tout particulier. Pendant la nuit, la ville paraît tout en feu : on dirait qu'un immense incendie la dévore. Plus de cinq cents fabriques et des milliers de fourneaux sont quotidiennement employés à élaborer cette prodigieuse quantité de vases qu'on expédie en Chine et, on peut le dire, dans le monde entier. »

Enfin, dans les provinces du nord, le Kan-sou est sans villes remarquables. Mais Taï-youan, capitale du Chan-si, assise sur le Fuen-ho, tributaire du fleuve Bleu, est une ville de 250,000 âmes, et on en accordait 1,000,000 à Si-gnan-fou, capitale du Chen-si avant les incursions des Tchang-Mao et des Panthays. En approchant aujourd'hui de Si-gnan-fou, la désolation des campagnes révèle de toutes parts leur passage ; seulement, la ville est entourée de murailles qui rivalisent avec celles de Péking, et l'une de ses portes est même surmontée d'un vaste édifice à trois étages, d'un effet très-imposant et qui n'a point son pareil dans la cité impériale. Si-gnan-fou fut longtemps la capitale du pays, aux époques reculées de son histoire ; elle est célèbre en Europe par l'inscription dont il a déjà été parlé, qui mentionne la première apparition du christianisme en Chine et qui fut trouvée dans une pagode de sa banlieue.

Composée de dix-huit cents mots chinois, qu'encadrent des mots syriaques, écrits en beaux caractères stranghelos, elle est gravée sur un marbre haut de six à sept pieds, épais et large en proportion. Dans sa partie supérieure, il se termine en pyramide, et la face montre une croix bien formée, dont les branches finissent en fleurs de lis semblables à celles qui figurent sur le prétendu tombeau de l'apôtre Thomas à Meliapûr.

De la mer Bleue ou Orientale au golfe de Tonking, la Chine continentale est flanquée de cinq îles : Chiusan, Formose, Hongkong, Macao et Haynan. Chiusan est une belle île, longue de trente à quarante kilomètres, sur une largeur de vingt, offrant une succession de collines, de vallées ouvertes et de petits vallons, qui rappelèrent au voyageur anglais Robert Fortune les *Highlands* de l'Écosse. Il y fut témoin, dans l'étroit canal qui la sépare de Ning-po, d'une pêche des plus curieuses et qui se pratique sur un grand nombre de lacs et de cours d'eau chinois. Deux petits bateaux se tenaient en vue ; ils étaient montés chacun par un seul homme, et plusieurs cormorans perchaient sur leurs platsbords. A un signal de leurs maîtres, ces oiseaux s'élancèrent sur l'eau et se dispersèrent à la recherche du poisson ; ils plongèrent et, un instant après, ils reparaissaient à la surface avec leur proie, qu'à un signal particulier ils rapportèrent au bateau et déposèrent eux-mêmes dans le panier destiné à la recevoir. Aussi bien ne néglige-t-on pas de prendre quelques précautions contre les velléités de gourmandise de l'oiseau pêcheur : on passe autour de son cou un petit engin disposé de façon à ne pas l'étrangler lui-même, mais aussi à l'empêcher d'avaler le poisson capturé.

Formose, que les Chinois nomment Taï-Ouang, est séparée des rivages d'Amoy par un canal d'un développement de 150 à 200 kilomètres. Les marins portugais qui la découvrirent, frappés de la beauté de ses côtes, de ses bois et de ses montagnes, l'appelèrent *Formosa* (la Belle), et ce nom lui est resté sur nos cartes. Des monts volcaniques, dont les plus hauts s'élèvent à 4,000 mètres, la divisent en deux versants, dont l'un, celui de l'ouest, est habité par des Chinois venus des provinces en face, tandis que les gorges du versant oriental sont occupées par une race sauvage, les Igorotes, apparentés aux négritos de Luçon. On évalue sa population à 3,000,000 d'hommes et celle de Taï-ouang, son chef-lieu, à 100,000.

Quelques familles de pêcheurs, voilà tout ce que les Anglais trouvèrent à Hongkong lorsque, en 1841, ils s'installèrent dans cette île montueuse et insalubre. Or, le recensement de 1871 lui assignait 124,198 habitants, dont 2,736 Européens, Portugais et Anglais pour leurs huit dizièmes. C'est en même temps un des grands entrepôts du trafic entre l'Angleterre et l'empire chinois, qui envoie en moyenne annuelle pour 22,000,000 de francs de produits en Angleterre et en reçoit pour 92,000,000. Le voisinage de Hongkong a été fatal à Macao, qui végète et dont l'antique prospérité, frappée à mort, ne s'est guère relevée par l'infâme trafic des émigrants chinois, qu'on y voyait s'embarquer par milliers, il y a quelques années, à destination, qui de la Havane, qui du Pérou. Macao montre encore avec fierté ses antiques édifices, ses casernes, ses couvents, ses églises, dont les murs sont couverts de fresques curieuses, et sa grotte du Camoens [1], où l'on raconte que le grand poëte, venant de faire naufrage et n'ayant sauvé que les premiers vers des *Lusiades*, se réfugia et chanta les gloires de son pays. Mais son port, qui abritait jadis des flottes, ne renferme plus, affourchées sur leurs ancres, que de vieilles coques qui se sont noircies et pourries dans le service de la traite des coolies.

Haynan, en face de l'Annam et à l'entrée du golfe de Ton-King, offre avec Formose cette ressemblance qu'elle a des montagnes élevées et qu'une portion de sa population vit à l'état sauvage. Mais son climat est moins bon que celui de Formose, et les typhons la dévastent. On y compte environ 2,500,000 habitants, sur lesquels deux cinquièmes sont Chinois.

1. Voir à ce sujet, dans le travail que vient de publier M. C. Lamarre à la librairie Didier, *Étude sur Camoens*. 1 vol. in-8°, la biographie du poëte, p. 23.

DEUXIÈME PARTIE

LA CHINE

A L'EXPOSITION DE 1878

PLAN DE L'EXPOSITION

I

LE CHAMP DE MARS

Le grand vestibule, les trophées. — L'entrée principale de l'Exposition se trouve du côté du pont d'Iéna. Le fronton qui la décore, pèse environ 10,000 kilogrammes; il se compose d'un écusson aux initiales R. F. Deux femmes-génies, les ailes déployées, se tiennent par une main, et, portant de l'autre une gerbe et un flambeau, lui servent de support. Au sommet de l'écusson, on lit en relief, sur un fond d'épis, le mot *Pax*, qui deviendra la devise nationale de la France; à la base : 1878.

Le vestibule d'honneur, qui tient toute la largeur de la façade, est splendide avec ses voussures en or mat qui rappellent les tons discrets de Saint-Marc de Venise; à droite, dans de hauts pavillons rouge-foncé, découpés artistement et surmontés de petits dômes en cuivre sourd, sont exposés les trésors que le prince de Galles a rapportés de son voyage des Indes La statue équestre, avec de beaux bas-reliefs représentant la réception des princes indigènes, domine ces merveilles. A gauche, une manière de temple grec abrite les tapisseries des Gobelins ; des étagères, placées à l'avant et à l'arrière, font valoir les vases gigantesques de Sèvres, ou les pièces délicates de notre manufacture nationale. Au centre, avec ses quatre cadrans, une grande horloge s'élève, surmontée d'une sphère qui indique le mouvement de la terre et de la lune. Derrière cette horloge s'ouvre la galerie de la sculpture française et, après elle, toute la section des beaux-arts jusqu'à l'École militaire, tandis que toute la place est réservée, d'un côté, à la section française, de l'autre aux sections étrangères.

Les grands dômes couvrant les pavillons qui forment les quatre coins du palais du Champ de Mars sont des plus élégants ; vitrés, ornés d'armes, de banderoles de toutes couleurs et de tous pays, ils forment les extrémités des deux galeries des machines françaises et étrangères. Quatre trophées ornent ces angles ; ce sont : une colossale statue équestre de Charlemagne, du fondeur Thiébaut ; l'empereur est là, sceptre en main, diadème en tête ; de chaque côté, deux guerriers tiennent les rênes du cheval. Il a fallu hisser à 10 mètres de hauteur ce groupe en bronze, pesant 25,000 kilogrammes.

A l'autre angle de la galerie des machines françaises, du côté de l'École militaire, éclate un immense trophée de tubes métalliques, surmonté d'une sphère de cuivre de 3 mètres de diamètre.

Les deux autres dômes sont à l'Angleterre et aux Pays-Bas; la première a échafaudé un kiosque énorme et très-compliqué, au sommet duquel on lit : *Canada*, et qui renferme à sa base des curiosités de l'Amérique anglaise ; les Pays-Bas ont formé, avec les produits de leurs colonies océaniennes, un dernier trophée flanqué des coupes les plus diverses d'arbres rares des îles de la Sonde et autres.

La rue des façades et la galerie du travail manuel. — Une idée ingénieuse et absolument nouvelle, c'est celle d'une voie à ciel ouvert qui traverse tout le palais sur une longueur de plus de 700 mètres. Là, chaque nation a sa façade typique ; la France devait avoir, parallèlement, des constructions originales de Bretagne, d'Auvergne, du Midi et du Nord, mais on a dû renoncer à ce projet trop dispendieux.

L'Angleterre a cinq façades, entre autres un pavillon en simples briques rouges avec encadrement de pierres blanches et fenêtres à vitraux, et deux cottages des plus confortables, dont l'un est spécialement réservé au prince de Galles.

Les États-Unis nous montrent une maison en bois comme en construisent les colons dans l'intérieur des terres; la Suède et la Norvége font remarquer leurs fortes constructions en bois de style scandinave; vient ensuite l'Italie, dont la façade est une grande arcade flanquée d'autres plus petites, séparées par des colonnes de stuc, imitant le marbre vert; entre ces colonnes se dressent des marbres sculptés et des terres cuites. Le Japon est représenté par un petit temple bouddhique; la Chine, tout ornée de monstres et de chimères, laisse flotter à son sommet un drapeau blanc où un dragon bleu, absolument fantastique, se dresse tout hérissé. La façade espagnole, d'architecture mauresque, rappelle le péristyle de l'Alhambra ciselé et historié comme un bijou; voici maintenant l'Autriche-Hongrie, dont la galerie de neuf arcs est supportée par des colonnes accouplées; aux ailes, deux pavillons; la corniche qui couronne le bâtiment est surmontée de statues allégoriques : l'Art, les Sciences, le Commerce, etc.; cette façade ne mesure pas moins de 75 mètres.

La Russie nous offre un *isba*, vaste construction en bois, faite de rondins dégrossis, agrémentés d'élégantes découpures qui ne manquent pas d'originalité. Plus loin, la Suisse arrondit une coupole élégante et azurée, ornée des signes du zodiaque. La devise nationale se détache au sommet de l'entablement : « *Einer für Alle! — Alle für Einer!* » (Un pour tous! — Tous pour un!) Une horloge forme le milieu de l'édifice; à l'heure, deux mannequins, revêtus d'armures qui datent, dit-on, de la bataille de Morat, frappent à tour de rôle sur un timbre avec des marteaux

La façade de la Belgique peut être considérée comme l'œuvre capitale de la section étrangère ; les Chambres belges ayant voté un crédit de 500,000 francs pour l'Exposition, on a bien fait les choses, en bâtissant un hôtel style flamand de la fin du XVIe siècle, en briques et en pierres bleues de Soignies et d'Écaussines, avec des colonnes de ses beaux marbres noirs, bruns ou verts. La Grèce paraît bien petite à côté, mais elle intéresse avec sa maison blanche qu'elle intitule : *la maison de Périclès*, et sa *loggia*, qui défend des ardeurs du jour. Viennent successivement le Danemark, puis les États de l'Amérique centrale et méridionale, qui donnent un spécimen riche et simple de leurs constructions ; un joli balcon leur prête un cachet tout oriental.

Les royaumes de Perse et de Siam, la Tunisie et le Maroc se suivent fraternellement ; malgré l'exiguïté des façades, l'œil s'arrête sur le minaret tunisien, où il semble qu'un *muezzin* va apparaître. Le grand-duché de Luxembourg, la principauté de Monaco, la république du Val d'Andorre sont réunis dans une devanture commune. Le Portugal a dessiné les poétiques arceaux du cloître des Hiéronymites de Bellem et du couvent de Batalha; deux merveilles que ces arceaux ; ce ne sont que sculptures et ciselures dans la pierre blanche, où de grands saints se détachent admirablement. Les Pays-Bas terminent cette avenue imposante de l'architecture de tous les peuples. Leur façade en pierres et en briques rouges représente l'hôtel de ville de La Haye, avec son léger beffroi.

On arrive ainsi à l'entrée qui fait face à l'Ecole militaire ; ce côté, parallèle au vestibule d'honneur, sert de galerie au travail manuel ; là, de jeunes ouvrières font des éventails, des colliers, des fleurs, et tous ces jolis bibelots parisiens qui ne vivent qu'un jour et sont si charmants. Au milieu, la taillerie de diamants française, la première établie à Paris, laisse voir les intéressantes opérations par lesquelles passe la précieuse matière avant de devenir parure scintillante.

Ces travaux reposent du perpétuel mouvement des galeries des machines.

Le pavillon central de la ville de Paris. — Les galeries des beaux-arts sont séparées, au centre même du palais du Champ de Mars, par l'élégant pavillon de la ville de Paris. A proprement parler, ce n'est pas un type de l'architecture française, mais plutôt un assemblage des styles composites qui forment ce qu'on appelle l'architecture du XIXe siècle. Il est très-orné, très-chargé de terres cuites, de faïences, de dorures, soutenu par des colonnettes de fonte et recouvert d'une toiture transparente en verre dépoli. Il renferme tout ce qui a rapport au service municipal : écoles, égouts, pompes, travaux de la ville, plans en relief, entre autres celui du marché aux bestiaux de la Villette et celui de l'hôtel de ville restauré. Autour du pavillon et sur ses murs mêmes sont plantés les produits les plus remarquables des magnifiques serres de la Ville, dont les spécimens sont sans cesse renouvelés. Un petit jardin, orné de statues, de gazons et de bancs, sert de repos, de chaque côté. C'est sur ces parterres que s'ouvrent, par des portiques monumentaux, les deux entrées de la galerie des beaux-arts. Ils sont couverts d'émaux, de paysages et de figures allégoriques; ils représentent, l'un Apollon sur son quadrige, l'autre une réduction du Parthénon et de la maison dite la Lanterne de Diogène, offrant le type de l'architecture grecque.

A gauche et à droite du Champ de Mars sont des cafés et des restaurants qui coupent l'exposition d'horticulture. Inutile de dire que l'affluence est grande de ces côtés, où les Tziganes, avec leurs concerts improvisés, font merveille. A côté d'eux, on admire le tonneau de MM. Wilhaumser et Müller, de Strasbourg, mesurant 4 mètres à la tête et 4 mètres 50 au plus fort diamètre; il contient 600 hectolitres.

Le parc du Champ de Mars. — Une immense pelouse verte de 223 mètres de longueur, placée entre les deux palais, repose la vue et permet de contempler l'ensemble du palais du Trocadéro, qui éclate de toute la blancheur de ses colonnes et de ses statues.

Cette partie est très-animée : les allants et venants se reposent là de préférence dans des chaises-paniers très-confortables. Ce ne sont, de tous côtés, que massifs d'azalées et de rhododendrons ; deux petits lacs, bornés par des rochers et des cascades artificiels, mettent la fraîcheur au milieu de cette végétation. Sans entrer dans le détail des ædicules qui meublent ce parc très-vaste, s'étendant jusqu'au pont d'Iéna, citons, outre un restaurant belge et un restaurant français : le chalet des manufactures de l'État, où l'on assiste à la fabrication des cigarettes et des cigares de la régie ; le pavillon de notre grande usine métallurgique du Creuzot, où l'on peut étudier de près les machines les plus puissantes, telles que le fameux marteau-pilon, un véritable phénomène ; un peu plus loin, le ministère des travaux publics expose sa collection si complète de pierres et de marbres français de toutes espèces ; le hangar de Terre-Noire, près duquel un escalier et un petit pont conduisent à l'Exposition agricole, qui s'étale tout le long du quai d'Orsay.

La tête de la grande statue de Bartholdi, représentant l'Union américaine, est placée entre le Champ de Mars et le Trocadéro.

II

LE TROCADÉRO.

Le pont d'Iéna, la ferme japonaise, le quartier tunisien. — Le pont d'Iéna est élargi au moyen de poutres métalliques placées en travers et appuyées sur des socles qui reposent sur l'ancien tablier ; entre les deux tabliers courent trois énormes conduits qui amènent au Champ de Mars l'eau de la grande cascade du Trocadéro.

Sur la gauche, en montant la pente du Trocadéro, on voit le Japon agricole, représenté par une maison de ferme exactement semblable à celles qu'on rencontre dans l'intérieur des îles japonaises ; on y pénètre par une porte cochère très-travaillée, sur le sommet de laquelle se dressent, avec une véritable verve, des coqs et des poules sculptés ; à droite et à gauche, des branches pleines d'épines sont travaillées avec art. On se trouve alors dans un jardinet plein de plantes du pays ; l'habitation, basse et ouverte à tous vents, laisse voir des meubles pittoresques ; à côté, une fontaine où l'on peut boire ; le poulailler, rempli de jolies poules blanches à crêtes rouges ; le parasol, à l'ombre duquel la famille peut venir se reposer ; les faïences d'usage quotidien, les bronzes, etc., etc. Le Japonais en costume du pays qui vous reçoit parle très-bien le français. On fait le tour de la barrière en bambou, et l'on voit successivement : les Tunisiens avec leurs jolis bibelots ciselés, leurs parfums pénétrants et leur musique monotone ; la maison aux armes de Lion et Soleil, qui attend le Shah de Perse, mystérieuse avec ses vitraux de couleurs ; plus loin, un village norvégien-suédois, au centre duquel une tour en bois s'élève, ayant à son sommet une horloge de Stockholm ; l'Égypte, aussi représentée par une bâtisse originale, ainsi que le Maroc, qui a son musée et son café.

Partout, des oasis de verdure et de fleurs ornent ce paysage unique, dessiné par tous les peuples du monde.

L'habitation chinoise, les forêts, l'aquarium. — La Chine offre le spécimen très-curieux et absolument authentique d'une maison des environs de Pékin ; elle est riche en fines ciselures dorées, qui se détachent sur fond rouge. Dans la cour intérieure se dresse un kiosque très-découpé qui offre un abri contre les chaleurs du jour. Un grand nombre de Chinois en costume national, avec leurs grandes robes en soie et leurs cheveux tressés en longues queues, vendent des porcelaines et des curiosités du Céleste Empire.

A droite, voici le pavillon de l'administration des Forêts, qui n'est qu'une dentelle de bois sculpté ; puis, la blanche façade du palais algérien, de forme rectangulaire, flanquée à ses angles de quatre tours couronnées de créneaux. La façade principale se fait surtout remarquer par une porte richement encadrée de faïences et émaillée d'arabesques. C'est la reproduction de celle de la célèbre mosquée de Sidi-Bou-Médin ; de chaque côté sont deux petites tours aux dômes très-bas surmontés d'un croissant d'or ; dans un des angles se dresse la haute tour carrée d'un minaret qui rappelle celui des ruines de la mosquée d'El-Man-Souka. Une frise polychrome décore la muraille blanchie à la chaux, éblouissante au soleil ; l'intérieur est riche et gracieux comme toutes les constructions mauresques ; la cour est formée par quatre galeries à arcades supportées par des colonnes torses, dont les parois à jour varient les effets de lumière et d'ombre. Une fontaine jaillissante, encadrée des arbustes et des fleurs les plus caractéristiques du climat et de la flore de l'Algérie, et provenant du Hamma d'Alger, forme le milieu de cette magnifique construction.

L'aquarium d'eau de mer et l'aquarium d'eau douce abritent les habitants aquatiques les plus variés ; on descend dans ces réservoirs souterrains avec bonheur, pour s'y mettre au frais. C'est le plus vaste palais de poissons qui existe.

Le palais et la salle des fêtes. — Le palais du Trocadéro se compose d'une immense rotonde exhaussée de deux tours ; elle a, à son sommet, une Renommée en bronze doré, du sculpteur Mercié, et se complète par deux ailes en demi-cercle. Tout l'extérieur du monument est à jour ; c'est un promenoir dont les colonnes de pierre blanche se détachent sur fond rouge. La grande rotonde a trois étages, ornés de trente statues allégoriques représentant : la Peinture, l'Agriculture, la Géographie, la Médecine, la Navigation, etc. ; six grands groupes en fonte de fer doré symbolisent les parties du monde. Ils sortent des mains de maîtres, tels que MM. Falguière, Mathurin Moreau, Millet, Schœnewerck et Delaplanche. Entre ces figures jaillit une cascade qui tombe avec fracas et va s'affaiblissant sur des degrés de marbre du Jura ; de chaque degré s'élancent des jets écumants, et quatre groupes colossaux d'animaux en fonte dorée se dressent de chaque côté.

Dans la rotonde centrale se trouve la grande salle des fêtes ; l'amphithéâtre à lui seul ne contient pas moins de 4,000 spectateurs. La scène est construite de telle sorte que quatre cents musiciens y jouent à l'aise, en temps ordinaire ; l'adaptation d'un plancher mobile, qui, partant de l'extrémité de la scène, va s'abattre sur les premiers rangs de fauteuils, permet en outre de donner des concerts exceptionnels, auxquels peuvent prendre part 1,200 exécutants. L'orgue qui s'élève au fond de la scène est d'une hauteur de 12 mètres et d'une puissance telle que les soufflets sont desservis par une machine à vapeur. Cette salle splendide est l'œuvre de MM. Davioud et Bourdais; sa hauteur intérieure n'a pas moins de 32 mètres; 4,000 becs de gaz éclairent *a giorno* l'immense coupole.

Dans les deux pavillons adjacents à la rotonde centrale se tiennent les conférences et les congrès, dans lesquels sont traitées les questions qui se rattachent à l'origine, à la production, à l'exécution, aux progrès, à la législation, à la protection légale des œuvres et des objets de toute nature réunis dans l'enceinte de l'Exposition.

Les galeries des ailes sont destinées à l'art rétrospectif sous toutes ses formes et à l'exposition spéciale des sciences anthropologiques. De chaque côté de la rotonde surgissent, au-dessus de l'édifice, les deux grandes tours latérales, sveltes et élégantes, qui donnent tant de légèreté au monument et dans l'intérieur desquelles fonctionnent deux ascenseurs menant le public au sommet; de ce point élevé, on plane à vol d'oiseau sur le panorama d'ensemble.

L'Exposition de 1867 était certainement remarquable, mais quelle place était perdue! Son palais ne couvrait qu'une surface de 146,000 mètres carrés; celui de 1878 en occupe 200,000; en dehors du palais, en 1867, il y avait une surface de 7,000 mètres répartie entre tous les pavillons; en 1878, en dehors du palais, on a couvert 20,000 mètres dans le Champ de Mars seulement.

Le succès toujours croissant de l'Exposition de

1878 ne tient pas seulement aux dimensions plus vastes de ses deux palais, mais aussi au concours plus empressé qu'y ont apporté tous les peuples, et au nombre des exposants, qui s'élève à 35,000.

FAÇADE NATIONALE DE LA CHINE

Les Chinois ont tenu à offrir aux visiteurs de l'Exposition un type *in natura rerum* de leur architecture : ils ont bâti de leurs propres mains un grand pavillon en bois dans l'enceinte du Trocadéro. Avec ses motifs variés, sa décoration pittoresque, ses toits en forme de cuvier renversé, ses auvents concaves et se retroussant en projections courbes, qui évoquent assez le souvenir des souliers à la poulaine du moyen âge, ce pavillon flatte l'œil. Il est léger et coquet; mais il laisse en définitive l'impression d'une chose plutôt bizarre et quelque peu fantastique que d'une chose gracieuse. Destiné à recevoir les produits mis en vente de la Chine qui figurent à l'Exposition, c'est d'ailleurs un bazar et non une maison véritable, et c'est dommage, car celle-ci, au dire des voyageurs qui l'ont vue, ne laisse pas de présenter à l'intérieur des dispositions intéressantes et ingénieuses qui, dans leur ensemble, font songer aux maisons romaines exhumées des cendres d'Herculanum et de Pompéi.

Dans l'enceinte du Champ de Mars, la façade des galeries chinoises reproduit une porte du palais de Péking, avec son mur noir aux treillis blancs, son panneau d'un vermillon ardent et le chiffre d'or qui sert de cachet impérial. L'aménagement même de chacune des salles avertit aussi le visiteur qu'il va pénétrer dans un milieu exotique. Toutes les installations qui renferment les envois ont emprunté l'une ou l'autre des formes propres à l'architecture chinoise. Ici, c'est un kiosque, là un pavillon, plus loin une pagode. Au fond, la variété n'est pas grande, puisque cette architecture, qu'elle soit civile, ou religieuse, ou militaire, ne s'inspire que d'un seul type. Mais le décor est frappant de couleur locale, et c'est une bonne introduction à l'étude de tous les produits originaux qui peuplent ces salles et se pressent dans ces casiers.

GROUPE PREMIER

BEAUX—ARTS.

Des peintures sur papier et sur papier de riz et une vieille peinture envoyée par M. le vicomte de Bezaure, demeurant à Foo-chow : voilà le bilan artistique des Chinois à l'Exposition de 1878.

Ces peintures représentent les sujets familiers aux artistes chinois, qui négligent très-volontiers les grandes scènes pour s'en tenir à la représentation de scènes de théâtre ou de la vie ordinaire, de costumes, de bateaux, de paysages, de poissons, d'oiseaux, d'insectes, de fleurs. A considérer isolément chaque objet représenté, on est frappé de l'exactitude de ses détails, et parfois ils semblent si bien calqués sur la nature qu'on se croirait en face d'une photographie. Un artiste chinois peint-il une plante, il faut qu'il en reproduise la tige, les feuilles, les boutons, les fruits, non-seulement avec les mesures et les proportions de chaque partie, mais encore avec toutes les différences de formes, de teintes et de nuances qu'elle affecte selon les saisons. Cette exactitude matérielle a son bon côté, sans doute; mais elle ne devrait pas dispenser de l'observation des règles et des conditions plus hautes de l'art, telle que l'entente de la perspective, la correction du dessin et l'art de grouper les objets. Tout cela fait défaut à la peinture chinoise, et c'est pourquoi ses compositions sont presque toujours pleines de confusion et trahissent une uniformité très-fatigante.

Les Chinois aiment beaucoup les portraits, paraît-il ; mais leur pratique dans ce genre de peinture diffère totalement de la nôtre. Lord Macartney, lorsqu'il se rendit en ambassade à Péking, avait apporté avec lui un certain nombre de portraits, œuvres des meilleurs artistes anglais, pour les offrir en présent au Fils du ciel. Les mandarins, à la vue de ces portraits, ne comprirent rien au jeu de la lumière et des ombres qui en différenciait les teintes, et demandèrent sérieusement si leurs originaux avaient une partie du visage d'une couleur et la seconde d'une autre. L'ombre du nez surtout leur parut un grand défaut : quelques-uns penchaient à croire qu'elle ne figurait là que par accident. Le goût qui fait loi au Céleste Empire veut qu'un portrait regarde toujours le spectateur, que conséquemment il soit toujours peint de face, et de telle façon que les deux parties du visage soient entièrement semblables.

GROUPE II

ÉDUCATION ET ENSEIGNEMENT; MATÉRIEL ET PROCÉDÉS
DES ARTS LIBÉRAUX.

Le catalogue officiel de l'exposition chinoise range sous la 8e classe une collection d'insectes et une collection de papillons, venues l'une de Shanghaï et l'autre de Canton; or cette classe est celle qui renferme les objets concernant *l'organisation, les méthodes et le matériel de l'enseignement supérieur*. Les rédacteurs du catalogue ont eu pour ce travail des données que nous n'avons pas, et il n'est pas surprenant que des notions d'histoire naturelle figurent dans le programme des connaissances exigées des aspirants aux fonctions publiques, lesquelles, comme on le sait, se donnent là-bas au concours. Mais, *à priori*, nous aurions pensé qu'il s'agissait plutôt d'objets destinés à ces *leçons de choses*, dont les Américains et les Allemands font un usage si fréquent et si profitable dans leurs écoles primaires des divers degrés. Ce qu'il y a de certain, c'est que les Chinois appellent de temps immémorial la représentation des objets au secours des jeunes intelligences, et la difficulté même de leur écriture a dû leur en donner la première idée. Ainsi le maître, pour initier son élève à la science des caractères, car c'en est une et des plus compliquées, choisit d'abord quelques caractères exprimant les objets les plus communs, ceux qui se voient le plus souvent, tels que l'homme, les animaux domestiques, les ustensiles de ménage, une maison, la lune, le soleil, etc. Ces divers objets sont peints ou gravés séparément, avec le nom de l'objet représenté au-dessous, et cette figure donne à l'enfant l'explication du mot dont il s'agit.

La papeterie et le matériel des arts, de la peinture et du dessin (classe 10) sont représentés par des couleurs pour aquarelle, des papiers communs dorés ou argentés, des papiers colorés et à dessins, des papiers de tenture, des papiers de diverses sortes, des encres, etc., etc.

L'encre de Chine, dont la supériorité est reconnue dans le monde entier, n'est pas fabriquée à l'état liquide, comme la nôtre : elle est consistante et revêt la forme de tablettes ou de bâtons solides, mélangés de musc ou d'autres parfums d'une odeur agréable. La meilleure et la plus estimée est celle de Hoeï-Tcheou, dans la province de Nang-haï, et la manière de la composer est tenue secrète non-seulement pour les étrangers, mais pour les Chinois eux-mêmes. On sait cependant d'une manière générale que, pour la composition des sortes supérieures, les Chinois emploient du noir de fumée obtenu par la combustion de certaines huiles dans des lampes qui sont entretenues de jour et de nuit, et, quant aux encres moins précieuses, ils tirent ce noir de vieux pins.

Le papier chinois est si fin, si doux, et en même temps si fort, qu'on a cru longtemps en Europe qu'il était fait avec de la soie. Mais la vérité est que c'est tout au plus si, dans quelques provinces, on utilise les coques de ver à soie, à cause de la pellicule qu'ils renferment, tandis que le bambou, le cotonnier, le chanvre, la paille du blé ou du riz, ainsi qu'une foule d'autres substances, pour la plupart inconnues en Europe, fournissent habituellement la matière première de la papeterie chinoise. La fabrication du *tse-kien* ou papier de riz est particulière au pays de Y-ching, dans la province de Kiang-sou. On détrempe la paille dans un réservoir de 1 mètre de profondeur, sur 2 mètres de longueur et 1 mètre 50 de largeur, contenant de l'eau de chaux vive. Après dix minutes d'immersion, on tire la paille, on l'entasse et on la laisse pourrir depuis le mois de novembre jusqu'au mois de janvier. La paille est ensuite hachée, puis tassée dans un réservoir de forme cylindrique, de 2 pieds de profondeur et de 3 mètres de diamètre, pavé en pierres plates de Y-ching. Un bœuf piétine cette paille toute une journée.

Après le lavage, le tse-kien est transporté dans un réservoir carré, profond de 1 mètre et large de 2 : la matière brute y est délayée dans de l'eau, puis clarifiée. On la retire alors du bassin, et l'on fabrique le papier. L'ouvrier plonge dans le bassin où la pâte est détrempée un petit treillis en bambou, de la grandeur de deux feuilles, et il applique par-dessus un autre treillis de même dimension. L'eau dégoutte, et, en une minute, deux feuilles de tse-kien sont fabriquées. Les dimensions ordinaires d'une feuille sont de 60 centimètres en longueur et en largeur, et de 3 millimètres d'épaisseur. On fait sécher, au soleil, les feuilles de tse-kien, pendant un jour ou deux. Un ouvrier peut en fabriquer de 7 à 10 *té* par jour. Le *té* [1] se vend de 3,000 à 4,000 sapèques. Pour se servir du tse-kien, on le détrempe dans l'eau, où il reprend sa forme brute, et on le mélange avec de la chaux vive; il forme un enduit des plus solides, qui imite le plâtre et le remplace en Chine [2].

La musique chinoise est assez largement représentée à l'Exposition (classe 13), et, parmi les instruments qui y figurent, on compte des flûtes, des guitares, des espèces de violons et de hautbois, des flûtes de Pan aux formes bizarres, des gongs, des tambours, des cymbales, des castagnettes gigantesques, sans parler des instruments des sauvages de l'île d'Haïnan. Le P. Amyot, qui a beaucoup étudié le système musical des Chinois, établit qu'ils ont connu dès les temps les plus anciens la division de l'octave en douze demi-tons, qu'ils appelaient les douze *lù*, et

1. Le *té* équivaut à 100 livres.
2. *Les Missions catholiques,* notice envoyée par le R. P. Roger, missionnaire au Kiang-Nan.

que ces *lu* se distinguaient en *parfaits* et en *imparfaits*. Il ajoute que si les anciens Chinois ne mentionnaient dans leur échelle musicale que cinq tons, *koun, chan, kio, tché, yu*, qui répondent à nos *fa, sol, la, do, ré*, ils avaient toutefois dans le *pien-koun*, correspondant à notre *mi*, et dans le *pien-tché*, ou *si*, de quoi compléter leur gamme [1]. Les musiciens actuels du Céleste Empire suivent aussi des règles fixes ; mais leur gamme pèche par l'absence des demi-tons, et si, dans le nombre de leurs compositions, il se rencontre quelques airs qui ne manquent pas d'agrément, il ne faut y chercher aucune science musicale. En somme, la musique chinoise, au témoignage de l'abbé Huc, si elle offre un certain caractère doux et mélancolique, est d'une uniformité et d'une monotonie qui en rendent l'audition bientôt fatigante, et elle diffère tellement, dans ses combinaisons générales, de la musique européenne, qu'elle n'est pas plus faite pour nos oreilles que la nôtre ne semble faite pour les oreilles chinoises, comme un mandarin le dit un jour au Père Amyot, qui lui avait fait entendre sur la flûte et le clavecin les plus beaux morceaux des compositeurs ses contemporains [2].

1. *Mémoire sur la musique des anciens.*
2. M. l'abbé David déclare à son tour « qu'il n'a jamais entendu un orchestre chinois sans que, après une minute de musique, il y eût entre les divers instruments un désaccord allant jusqu'à un demi-ton et même un ton de différence. » Cela, ajoute-t-il, n'empêchait pas ces intrépides instrumentistes de souffler jusqu'au bout, « et pour eux tout

La classe 14 (*médecine, hygiène et assistance publique*) renferme des objets bien curieux et qui, pour le dire en passant, n'ont absolument rien à voir avec l'hygiène : ce sont des modèles de petits pieds de dames chinoises. Quoi de moins conforme en effet aux lois de la santé que cette coutume à la fois barbare et ridicule qui déforme le pied des femmes et lui imprime une ressemblance assez marquée avec le sabot d'un quadrupède? Les Chinois eux-mêmes n'en connaissent pas bien l'origine : toutefois un lettré, qui en causait avec M. Sinibaldo de Mas, la rapportait au xe siècle de notre ère et en attribuait l'inauguration à un prince du Kiang-sou qui voulut rapetisser les pieds de ses concubines ou de ses filles. Tout autre qui l'eût fait aurait été traité de fou ; mais c'était le monarque, et tous les flatteurs de sa cour le louèrent et l'imitèrent. Dès lors, la coutume commença de devenir populaire, et, vers la sixième année de leur âge, on soumet les jeunes filles à l'opération que voici.

On replie sous la plante du pied quatre orteils, en ne laissant de libre et de droit que le grand orteil seulement. On les maintient dans cette position au moyen d'une bande de toile, large d'environ 6 centimètres, à laquelle on fait faire plusieurs tours bien serrés, en même temps qu'on force le pied en rappro-

semble aller bien, pourvu que l'on monte et que l'on descende en même temps, sinon par les mêmes notes. » (*Journal de mon troisième voyage*, etc., chap. XIII.)

chant autant que possible du talon le gros bout de l'orteil ; on se sert à cet effet des mêmes ligatures que pour les orteils, en faisant un tour de droite à gauche et un autre tour de l'orteil au talon. Pour commencer, on tient les ligatures légèrement flexibles, puis on les resserre peu à peu. Les petites filles ainsi martyrisées souffrent beaucoup, et cela pendant cinq ou six mois : il y en a dont les pieds enflent et se gangrènent à la suite de l'opération. Elles perdent souvent les pieds, parfois la vie même.

Des boussoles, des poids et mesures, des monnaies d'argent ou de cuivre, une collection de médailles antiques et modernes, très-précieuse pour l'histoire du pays, voilà ce qu'il y a lieu d'enregistrer dans la classe 15 (*instruments de précision*). A proprement parler, la Chine n'a point de système monétaire qui lui soit propre : on n'y monnaye pas l'or, et l'argent est tout simplement fondu en grands et petits lingots amincis qu'on découpe suivant le besoin en morceaux de dimensions diverses. Seule la monnaie de cuivre mérite ce nom, puisqu'elle est sous forme de pièces rondes, d'un diamètre d'environ deux centimètres et revêtues, non de l'effigie de l'empereur régnant, mais du nom seul de son règne. Elles peuvent bien valoir environ 5 millièmes de franc et sont percées par le milieu d'un trou servant à les enfiler, de façon à former des *ligatures* par quantité variable de cent, cent cinquante, deux cent soixante-dix pièces. Voilà où en est sous le rapport de la circulation monétaire un peuple qui a connu pourtant l'usage des espèces métalliques dès les premiers temps de son histoire, et chez qui Marco Polo vit fonctionner un hôtel des monnaies servant de banque et où les espèces s'échangeaient contre les billets. Les Chinois d'aujourd'hui conviennent bien qu'il leur serait beaucoup plus commode de posséder un système régulier de monnaies d'argent d'un poids et d'un titre déterminés; mais ils ont toujours reculé devant la crainte des faux-monnayeurs, et ils ont préféré recourir, à deux époques de leur histoire, en l'an 119 de notre ère et en 1857, à une monnaie fiduciaire en cuir, à laquelle ils ont donné un cours forcé, avec aussi peu de succès, d'ailleurs, dans une circonstance que dans l'autre.

GROUPE III

MOBILIER ET ACCESSOIRES.

Ce groupe réunit les produits les plus intéressants et les plus connus de l'industrie chinoise : les meubles laqués et les paravents y rencontrent les statuettes et les objets de jade; les cristaux, les verreries et les vitraux y côtoient les porcelaines anciennes ou nouvelles.

Il y a là des meubles de toute sorte (classe 17 : *meubles à bon marché et meubles de luxe*); il y en a pour tous les goûts et pour toutes les bourses: tables, chaises, étagères, lits, toilettes, armoires, bureaux, consoles. Certains d'entre eux, sculptés en plein bois et dorés sur fond rouge, affectent la forme de bahuts ou de chiffonniers. Ils font partie d'un salon luxueux dont la pièce principale est un canapé au dossier admirablement sculpté. Ailleurs, une chambre à coucher offre un lit en bois noir à colonnes que surmonte une bordure qui rappelle les lignes contournées des pavillons et des kiosques. Le style de ce lit est très-chinois; mais les siéges qui l'accompagnent ont dans leur forme ovale quelque chose du style Louis XV, et un autre ameublement de bois bruni incrusté d'ivoire, dans le style portugais, trahit plus nettement encore le dessein de combiner les détails de l'art chinois avec les formes générales de l'art européen. Pour mieux dire, les Chinois paraissent singulièrement enclins à l'imitation de nos formes de bois de lit, et cette imitation s'étend à d'autres meubles, tels que secrétaires et consoles, où le caractère local ne se retrouve plus que dans la façon restée chinoise de travailler le bois ou l'ivoire et de représenter les figures décoratives des panneaux.

Nous sommes loin de penser que ce soit là, en somme, une bonne tendance et au bout de laquelle l'art décoratif du Céleste Empire puisse espérer se modifier d'une façon heureuse. A ce point de vue, un intérêt particulier s'attache aux meubles laqués, aux paravents en laque ou sculptés, ainsi qu'aux meubles en bois léger qui viennent de diverses villes, mais principalement de Canton. Les paravents sont nombreux : les uns sont encadrés de bois noir, avec des panneaux en soie peinte, les autres incrustés d'ivoire ou de jade, et il en est un qui se fait particulièrement remarquer par ses lames de métal cloisonné et ses dessins sur un fond de décoration luxueux. Les meubles laqués sont dignes de leur vieille réputation. On a cru longtemps que ce beau vernis, qui donne tant d'éclat aux boiseries, était une composition particulière dont les Chinois et les Japonais avaient seuls le secret. Mais on sait, depuis le P. d'Incarville, qu'il

n'est autre chose qu'une sorte de résine qu'on extrait
par incision d'un arbre indigène, le *tse-tchou* (*Rhus
vernix*), des provinces de Tse-tchouen, de Kiang-si,
de Tché-kiang et de Ho-nan. On broie cette résine
avec du noir de fumée et du vermillon ou toute autre
couleur ; puis, après avoir poli le meuble à la pierre
ponce et l'avoir enduit d'une sorte d'huile tirée du *tong-
chou*, arbre des montagnes, la laque est appliquée.
Avec deux ou trois couches seulement, elle conserve
sa transparence et laisse apercevoir toutes les veines
du bois et ses nuances ; mais, veut-on déguiser le
fond sur lequel on travaille, il suffit d'augmenter le
nombre de ces couches jusqu'à ce que la surface
du meuble devienne poli comme une glace. C'est
sur ce fond brillant que sont peintes en or et en
argent les diverses figures qui doivent relever le
travail.

Nous n'omettrons pas de signaler ici (classe 18 :
ouvrages du tapissier et du décorateur) une collection
de statuettes en bois et en cristal de roche venant de
Fou-chon, représentant des figures que la tradition a
rendues populaires en Chine. On remarque, dans le
nombre des personnages célèbres là-bas à divers
titres, des généraux, des mandarins, des lettrés et
même des favorites, telles que Chang-li-wah, la femme
préférée de l'empereur Hou-Chu. Dans une autre, qui
porte le nom de Psi-chi, l'artiste a voulu figurer
l'idéal de la beauté féminine, selon les idées chinoises, assez peu d'accord, on le sait, avec celles de

l'Occident, et le meilleur commentaire de son œuvre serait peut-être ces vers charmants, échappés un jour de la plume de Théophile Gautier ou du pauvre Gérard de Nerval, peut-être :

> Celle que j'aime est à présent en Chine
> Au fleuve Jaune, où sont les cormorans.
> Dans une tour de porcelaine fine,
> Elle demeure avec ses vieux parents.
>
> Elle a les yeux retroussés vers les tempes,
> Le pied petit à tenir dans la main,
> Le teint plus clair que le cuivre des lampes,
> Les ongles longs et rougis de carmin.
>
> Par le treillis, elle passe sa tête,
> Que l'hirondelle en passant vient raser,
> Et chaque soir, aussi bien qu'un poëte,
> Chante le saule et la fleur du pêcher.

On trouve dans cette même classe une tablette en stéatite et un autre objet de la même substance sculpté. C'est une espèce de craie glutineuse, produisant au toucher l'effet du savon et que pour cela les Chinois nomment *hoa-chi*, ou « savon-terre ». Ils en font une sorte de porcelaine d'un grain extrêmement fin et qui donne au travail du pinceau une beauté supérieure. Avec cela, cette porcelaine, comparée aux autres sortes, est très-légère ; mais, par cela même, elle est très-fragile, ce qui fait, joint à son prix généralement très-élevé, qu'on en fabrique fort peu. Le plus souvent, on se contente de revêtir la porcelaine ordinaire d'une couche liquide de hoa-chi ; elle sèche et rend la pièce merveilleusement propre à recevoir les couleurs et le vernis.

La pâte des belles porcelaines chinoises est un composé d'une pierre nommée *pe-tun-tsun* dans le pays et d'une terre nommée *kao-lin*, nom devenu français. Le kaolin, que certaines montagnes de la Chine renferment en couches inépuisables, s'emploie à peu près tel que la nature le fournit, sauf à le débarrasser de toute substance hétérogène ; mais on pulvérise la pierre *pe-tun-tsun*, en lui faisant subir plusieurs lavages après lesquels elle est façonnée, avant qu'elle se durcisse entièrement, sous forme de briques ou de tablettes. A ces deux éléments principaux, il faut joindre le vernis ou l'émail qui communique à la porcelaine sa blancheur et son éclat. Ce vernis, à l'état simple, est composé de deux sortes d'huile dont l'une est une espèce de crème blanchâtre et liquide qu'on extrait, en la lavant et l'épurant, du résidu pulvérisé duquel on fait les tablettes de *pe-tun-tsun*, tandis que l'autre s'obtient par le lavage de cendres de chaux et de bruyères brûlées ensemble. On mélange ces substances dans la proportion habituellement de dix parties d'huile de pierre contre une partie d'huile de cendres de chaux et de fougères. Les vernis composés s'obtiennent en ajoutant à ces deux substances des matières colorantes, qui servent à donner aux porcelaines ces teintes si variées, dans l'emploi desquelles les Chinois excellent.

Le P. d'Entrecolles a soigneusement décrit les

nombreuses manipulations que le travail de la porcelaine exige. La première opération consiste dans une nouvelle purification du pe-tun-tsun et du kaolin, et la seconde dans leur mélange, selon des proportions variables et relatives à la sorte de porcelaine qu'il s'agit de produire. Le mélange achevé, on le foule dans un large bassin, bien pavé et bien cimenté ; puis on le pétrit dès qu'il commence à durcir, travail d'autant plus pénible qu'il doit s'effectuer sans interruption. Tandis qu'il s'opère, on distrait de la masse ainsi préparée des morceaux qui sont pétris, étendus, refoulés en tous sens sur de vastes ardoises. La perfection des pièces dépend de cette manipulation, qui doit être faite avec le plus grand soin, de manière que la pâte ne contienne aucun corps étranger et qu'il ne s'y fasse aucun vide.

Les ouvrages unis se façonnent tous à la roue. Lorsqu'une pièce en sort, elle n'est qu'ébauchée, et elle passe entre les mains de trois ouvriers qui successivement l'asseyent sur sa base, l'appliquent sur son moule, la polissent au ciseau et en diminuent assez l'épaisseur pour qu'elle devienne transparente. Une fois sèche, un dernier ouvrier en creuse le pied, et on calcule que, dans ces manipulations successives, elle passe par les mains de soixante-dix personnes. Les grands ouvrages s'exécutent par parties, qui sont travaillées séparément, puis unies et cimentées avec la matière même de la porcelaine délayée dans de l'eau. Les fleurs et les ornements en relief, préparés à l'avance, s'appliquent à la manière d'une broderie sur une étoffe. Quant aux dessins plats, on se contente souvent de les tracer avec le burin sur le corps même du vase, et l'on pratique dans leur contour des entailles rondes qui les font ressortir. Après quoi, il ne reste plus qu'à donner le vernis à la porcelaine, c'est-à-dire, en termes techniques, à lui appliquer la couverte, et cette dernière opération, qui semble élémentaire en apparence, ne laisse pas souvent d'être fort délicate. Elle exige, en effet, de l'ouvrier beaucoup d'adresse et une attention toute particulière, soit pour maintenir la couche de vernis à l'épaisseur convenable, soit pour répartir le vernis d'une façon égale et uniforme sur toute la surface du vase. Les Chinois fabriquent des pièces de porcelaine si frêles et si délicates, que leurs parois ploieraient sous le poids d'une couverte trop épaisse et se déjetteraient.

Les fourneaux a cuire la porcelaine paraissent être restés, sauf les dimensions, ce qu'ils étaient aux époques les plus anciennes de cette fabrication. Le P. d'Entrecolles les décrit comme larges de douze pieds, profonds de vingt-quatre et recouverts d'une voûte assez épaisse pour qu'on puisse marcher dessus sans être incommodé du feu. Cette voûte, ajoute-t-il, « n'est en dedans ni plate ni formée en « pointe : elle va en s'allongeant, et elle se rétrécit à « mesure qu'elle approche du grand soupirail qui est

« à l'extrémité et par où sortent les tourbillons de
« flammes et de fumée. Outre cette gorge, le four-
« neau a sur sa tête cinq petites ouvertures qui en
« sont comme les yeux : on les couvre de quelques
« pots cassés, de telle sorte pourtant qu'ils soulagent
« l'air et le feu du fourneau. » Les porcelaines y sont
introduites dans des caisses de terre qui leur servent
d'étui et qui les protégent contre le contact immédiat
de la flamme. La place de chacune d'elles est choisie
selon le degré de cuisson que l'on veut donner à la
porcelaine qu'elle renferme. Quant à la manière
générale de les disposer, elle consiste à les super-
poser en piles assez rapprochées pour qu'elles se
soutiennent réciproquement par les morceaux de
terre qui les lient en haut, en bas, au milieu, quoique assez distantes les unes des autres pour que la
flamme passe librement entre elles et les enveloppe
également de toutes parts.

La céramique chinoise est habile à produire certains vases d'une exécution difficile ou d'un aspect
extraordinaire : telles sont les *coques d'œufs* translucides, si délicatement ouvrées qu'on les prendrait
pour de la dentelle, et les *tchouï-kouï* ou « vases
craquelés », auxquels l'émail qui les couvre, fendillé
de mille et mille manières, donne l'aspect de vases
tout fêlés, mais dont les parties demeurent pourtant
en place. Jadis, on fabriquait aussi, sous le nom de
hia-thsin, « azur mis en presse », une sorte de porcelaine sur laquelle les objets qui y sont peints,

fleurs, poissons, insectes, restent invisibles tant que le vase est vide, mais apparaissent dès qu'une liqueur l'emplit. Il paraît d'ailleurs que le secret de cette fabrication est aujourd'hui à peu près perdu. Les Chinois essayent bien de le découvrir de nouveau ; mais ils n'ont obtenu encore, dans cette recherche, que des résultats très-imparfaits, et cela fait souvenir qu'à une certaine époque ils avaient perdu entièrement l'art même de fabriquer les porcelaines, qu'ils eurent à retrouver ensuite.

Tous les types de la porcelaine chinoise sont largement représentés au Champ de Mars, depuis les produits les plus chers jusqu'aux objets moyens ou communs, qui sont répandus à profusion dans toutes les classes de la société et qui ornent tous les appartements, tous les bureaux, toutes les toilettes, tous les buffets, jusqu'aux cuisines elles-mêmes, sous la forme d'urnes, de corbeilles, de vases à fleurs, de cuves pour les poissons dorés, de coupes, de tasses et d'une infinité de petits riens charmants. Une idole, un paravent, des vases à double panse, représentent les grosses pièces, et ces vases font songer à quelque obèse mandarin des bords du fleuve Jaune, ou, sans aller si loin, à l'énorme *Celestial*, au type bestial, à la mine effrontée, au visage de satyre, qui, étendu sur une sorte de bergère en bambou, prend ses ébats à côté de vous. Il ne faut pas s'étonner de ces paravents et de ces idoles en porcelaine ; on la met partout en Chine : elle recouvre les toits des temples, et elle revêt parfois ces tours à étages dont la tour de Nanking est devenue le type traditionnel, grâce aux milliers de reproductions qu'en font les *magasins* des deux mondes.

De nombreuses porcelaines antiques sont venues d'Amoy, de Foochow, de Shanghaï. Elles ont bien plus de corps que les nouvelles, ce que le P. d'Entrecolles a expliqué par le degré de cuisson auquel on les soumettait et qui était beaucoup plus considérable qu'aujourd'hui. Il fait remarquer, en outre, que « ces caisses de la petite porcelaine étaient cuites à « part avant d'entrer dans le fourneau, et qu'on ne « démurait la porte qu'après dix jours pour les « grandes porcelaines et après cinq jours pour les « petites, chose qui se néglige aujourd'hui. » Les peintures qui couvrent ces spécimens de l'antique fabrication montrent, d'ailleurs, que cet art est resté complétement stationnaire. Les *hoa-peï*, ou peintres en porcelaine de ce siècle, réussissent à peindre avec assez de goût des fleurs, des oiseaux, des insectes, quelques animaux ; mais ils maltraitent horriblement la figure de l'homme. Leurs mérites et leurs défauts sont exactement ceux de leurs devanciers.

Force est bien d'ajouter cependant que, pour parler d'une façon générale, l'art de la céramique est en déclin chez les Chinois. Pour s'en convaincre, il suffit de comparer les potiches modernes avec les deux vases cloisonnés de l'époque des Ming, et les vases datant de l'empereur Kiang-Si, le chef de la dynastie régnante, qui figurent dans le salon des bronzes et des potiches. Trois siècles ont suffi pour consommer cette décadence, et il y a bien de quoi « faire frémir de désespoir le dieu de la porcelaine, « quand il voit ainsi dépérir le grand art auquel il « sacrifia sa vie. C'était un habile ouvrier de la ma-« nufacture impériale de King-te-Tcheu ; l'empereur « l'avait chargé de fabriquer deux vases d'une exécu-« tion particulièrement difficile. Après plusieurs essais « infructueux, désespérant d'y réussir, le malheu-« reux se jeta dans le feu : les objets qu'on en retira, « lorsque le corps eut été consumé, furent jugés telle-« ment beaux par l'Empereur, qu'il ordonna de lui « élever un temple [1]. »

Nous ne dirons rien des miroirs et des petits objets en verre de la Chine. Quoique la découverte du verre soit très-ancienne, puisque la Bible le mentionne en divers endroits, et que les verreries de Sidon et d'Alexandrie fussent célèbres dans l'antiquité, il est peu d'arts industriels qui se soient développés avec autant de lenteur que la verrerie. Dans ces deux derniers siècles, elle a fait, à la vérité, d'énormes progrès en Europe, et tout particulièrement en France, où la manufacture de glaces de Saint-Gobain a été longtemps et est encore un établissement sans rival. Ce fut un Français, Abraham Thevart, qui ima-

1. Léon Rousset, *Revue politique et littéraire* du 19 mai 1878.

gina de couler les glaces, au lieu de les souffler, et c'était un pas décisif. Entièrement adonnés à leur porcelaine, les Chinois ont absolument négligé la verrerie : les belles glaces que l'Europe leur envoie ne les empêchent pas de se servir toujours de miroirs de métal poli, et ceux de leurs miroirs en verre qui sont au Champ de Mars ne sont pas faits pour inquiéter les fabricants verriers de notre pays.

Des nattes en jonc et en rotin, des tapis en laine ordinaire et en laine de chameau, tel est le contingent de la classe 21 (*tapis, tapisseries et autres tissus d'ameublement*). Ces nattes sont élégantes, et ces tapis sont remarquables par leur tissu velouté, leurs couleurs éclatantes et leurs riches bordures. Ils coûtent fort cher et ne sont à l'usage que des gens riches; mais le pauvre a la ressource d'acheter, à prix très-modique, des tapis de feutre, objets de nécessité véritable dans certaines parties du pays à cause du froid qui y règne. Ces feutres sont ornés de dessins habituellement d'une seule couleur, parfois de couleurs variées ; on leur applique par empreinte une teinture qui pénètre si avant dans toute l'épaisseur du tissu qu'elle dure aussi longtemps que lui.

Les annales chinoises rapportent que l'empereur Hoang-ti, qu'elles font vivre au vingt-septième siècle avant notre ère, fit fondre douze cloches dont les sons gradués exprimaient les divers tons de la musique, et elles mentionnent également les neuf urnes d'airain sur lesquelles le grand Yu fit graver le nom de chacune des neuf provinces qui composaient son empire. Ces faits sont plus ou moins authentiques ; mais il est certain que les Chinois ont excellé de bonne heure dans l'art de travailler les métaux, et leur exposition au Champ de Mars montre en somme qu'ils y sont encore fort habiles. Nous ne dirons pas que leurs couteaux et leurs rasoirs menacent de remplacer ceux de Châtellerault et de Sheffield ; mais, en louant leur orfévrerie, nous ferons seulement acte de justice. Il y a de véritables objets d'un art ingénieux et varié parmi ces théières, ces salières, ces coupes et ces fleurs en argent, ces ouvrages en argent et en noix de coco, ces paravents en émail, ces vases et ces peintures en cloisonné, ces boîtes en argent et en argent laqué, ces cloisonnés divers, anciens ou modernes.

Mais c'est surtout dans l'industrie du bronze que la Chine soutient sa vieille réputation. Elle montre des cassolettes à parfums, des porte-flambeaux, des vases à anses dorées qui sont tout simplement admirables, des vases en bronze niellé d'argent ou bien émaillé et des cloisonnés d'une beauté rare, ceux surtout qui sont relevés d'or sur fond bleu. Dans le travail du bronze, on retrouve l'art décoratif de la porcelaine : ce sont ces mêmes monstres, ces mêmes animaux fabuleux, ces mêmes oiseaux au plumage contourné que les Chinois aiment tant. La sculpture n'est point absente de la collection : des idoles, des statuettes, des animaux la représentent. Mais ces divers objets, s'ils attestent une grande dextérité dans le maniement du métal dont ils sont faits, ne témoignent pas au même degré en faveur de la statuaire et de la sculpture du Céleste Empire. A vrai dire, cet art, profondément idéaliste, qui enfanta tant de chefs-d'œuvre dans la Grèce antique et dans l'Europe de la Renaissance, ne convient nullement au génie étroit et tout tourné vers le lucre du peuple chinois. De crainte de favoriser ses penchants idolâtriques, les premiers empereurs frappèrent d'une proscription absolue la représentation en bronze ou en métal du corps humain, et l'avénement du bouddhisme ne changea rien à cet état de choses. Ses idoles entrèrent bien dans les temples chinois, sous des formes tantôt grotesques, tantôt horribles ; mais les places et les édifices publics, les palais et jardins de l'empereur ou des riches particuliers demeurèrent vides de la statue humaine, et tout ce que la statuaire chinoise offre encore à cette heure, ce sont ces figures gigantesques d'animaux qui décorent les avenues conduisant aux tombeaux des princes ou des grands personnages et dont la bizarrerie, beaucoup plus que la beauté, est la caractéristique [1].

[1]. On peut citer à cet égard les chameaux, les éléphants, les lions, les dragons ailés de la vallée qui renferme les tombes des empereurs Ming et dont il a été parlé plus haut. Ici, on rencontre également des statues, trois fois grandes comme nature, portant casque et cuirasse, qui sont celles de ces douze empereurs. Mais les Ming étaient Mon-

Notons encore en passant, dans ce même groupe, une foule d'objets divers que réunit la classe 29 sous la dénomination générique de *Maroquinerie, tabletterie et vannerie*. Ce sont des petits meubles de bois laqué et d'ivoire, des étagères, des bois tournés, sculptés et laqués; des boîtes à gants en bois sculpté ou incrusté d'ivoire ; des cassolettes d'ivoire ; des coupes et des boîtes en noix de coco et en étain ; des brosses et des jouets en ivoire ; des porte-cartes, des livrets, des bourses en cuir ; des peignes, des pipes en bambou, des blagues à briquets. Les douanes chinoises de Tamsui ont exposé des pipes appartenant aux tribus sauvages de l'île Formose dont le fourneau représente une tête d'homme incrustée de plaquettes de cuivre. Quant à la pipe chinoise, son fourneau minuscule indique que ce peuple ne se dépouille pas, même dans ses passe-temps, de sa parcimonie sordide. La quantité de tabac qu'il peut renfermer est si minime qu'elle est consommée dès la troisième ou la quatrième bouffée.

La manière de fumer l'opium est bien connue. La pipe consiste en un tuyau long de quarante à cinquante centimètres et large comme un flageolet ordinaire, en bois ou en métal, parfois en jade, selon la bourse des fumeurs. La partie inférieure du tuyau offre une ouverture dans laquelle la tête de pipe se visse. Cette

---

gols, et, sous le rapport artistique, il faut faire entre les Mandchoux et les Chinois une différence qui n'est point à l'avantage de ces derniers.

tête est creuse, de forme ronde ou cylindrique, ordinairement en terre et parfois en métal, et porte à sa partie supérieure un godet percé d'un petit trou sur lequel on dépose l'opium et qui livre passage à la fumée. Pour charger la pipe, on se sert d'un stylet de métal, avec lequel on prend dix ou quinze centigrammes de l'extrait. On les arrondit et on les approche de la fumée d'une lampe jusqu'à ce que la matière se gonfle. Celle-ci gonflée, on la pose sur le petit godet et on y met le feu. On aspire la fumée lentement ; on l'avale, et on ne la rend qu'après l'avoir gardée le plus longtemps possible. La durée d'une pipe est en moyenne d'une minute, et vingt ou trente aspirations suffisent pour la vider.

Généralement, les Chinois ne commencent à fumer l'opium que vers l'âge de dix-huit ou vingt ans, bien qu'il y ait des enfants de dix à quinze ans qui ont déjà contracté cette détestable et funeste habitude. Pour la satisfaire, on prend généralement la position horizontale, et l'on se couche soit sur un sofa, soit sur un plancher disposé à cet effet. La classe pauvre s'y livre dans des lieux que les Anglais désignent sous le nom de boutiques à opium, *opium shops*, ayant pour enseigne une feuille de papier jaune qui a servi pour filtrer l'extrait. Quoique fort adonnées au tabac à fumer, les femmes repoussent l'opium, et, parmi celles qui en usent, il ne se trouve guère que des créatures tout à fait perdues.

GROUPE IV

TISSUS, VÊTEMENTS ET ACCESSOIRES.

La première division de ce groupe (classe 30) comprend les fils et tissus de coton. Une machine exposée sous la rubrique de la classe 55 (*matériel et procédés du filage et de la corderie*) prouve que les Chinois commencent à s'approprier quelques-uns de nos procédés perfectionnés ; mais ils sont loin d'avoir abandonné les procédés indigènes, et le rouet dont se servent les ouvrières (car la filature du coton est là-bas une industrie en grande partie dévolue aux femmes) nous est dépeint comme étant d'une simplicité toute primitive par un missionnaire qui l'a vu fonctionner dans le Pou-tong, petite langue de terre située entre les bouches du fleuve Bleu, la rivière de Shanghaï et la mer [1]. Trois fuseaux sont disposés sur le haut d'une tige verticale à laquelle une roue est fixée; un peu au-dessous de son milieu, un liseré de cuir embrasse les fuseaux et la roue. Une verge part d'un des rayons de celle-ci et

[1]. Le P. Desjacques, jésuite. Sa fort intéressante relation a paru dans les *Missions catholiques* de 1874.

repose par son centre creux sur un pivot à tête mobile. La fileuse étant assise, elle pose ses deux pieds sur la verge, à égale distance du pivot et, par un mouvement de bascule, fait mouvoir la roue à volonté, dans un sens ou dans un autre. Trois boudins sont insérés entre les doigts de la main gauche et gouvernés par le pouce; la main droite est armée d'une baguette afin de soutenir et de diriger les trois fils qui se tordent ainsi instantanément.

Le tissage se partage entre les hommes et les femmes, quoique dans certaines localités, au Poutong par exemple, bien peu d'hommes s'en occupent, et qu'en général il n'y ait guère que les vieillards et les jeunes garçons encore impropres aux opérations culturales qui se fassent tisserands. La méthode suivie est celle de tous les pays où les tissus se fabriquent à la main : les bobines, au nombre de vingt-cinq, sont fixées sur un grand cadre équilibré avec une pierre ; le tisserand va et vient, déroulant les fils et les entrelaçant à l'aide de fiches plantées en terre sur une longueur de cinquante à soixante mètres. La chaîne se compose de mille à douze cents fils. Dès qu'elle est dévidée, on la roule sur un cylindre creux pour la tremper dans un bain de farine et d'eau, puis elle est déployée sur des supports fichés en terre de distance en distance. Après qu'elle a été fortement tendue et fixée à des pieux placés à ses deux extrémités, deux personnes vigoureuses, munies de longues brosses, la parcourent à diverses reprises dans toute sa longueur, tandis qu'une douzaine de commères renouent les fils qui se rompent.

A côté des pièces de coton blanc écru ou teint, des cotonnades imprimées, teintes ou blanches, des écrus de Nankin, des cotons cardés, en cordons et en fils, des draps, des couvertures, des serviettes en nankin et des rubans, s'étalent les produits que la classe 31 range sous le titre commun de *fils et tissus de lin, de chanvre*, etc. Ce sont des cordes en jute et en herbe, des sacs, des tissus de *Dolichos trilobus* et d'*Urtica nivea*. C'est à celle-ci que les Anglais donnent le nom de *China Grass*, ou d'herbe de Chine, de même qu'ils appellent *Grass Cloth*, ou tissu d'herbe, l'étoffe qu'on en tire, et cela fort improprement puisque l'ortie blanche est une plante et non une herbe. Dans le pays, on la nomme *Thou-mah*, nom qui décèle une origine moitié chinoise, moitié shan ou laos, ce qui n'est pas surprenant, s'il est vrai, comme un voyageur [1] incline à le croire, qu'il faille chercher le vrai berceau de ce textile dans la zone située au nord-ouest du Cambodge et du Siam, à l'est du Bärmah et au sud-ouest de la Chine, qu'occupent les tribus aborigènes connues des géographes sous le nom de Shans, de Laos, de Lolos.

Les fibres corticales de l'*Urtica nivea* donnent une filasse très-forte que les habitants vendent pour la

---

1. M. Thomas Anquetil, neveu de l'illustre Anquetil-Duperron. Voir ses *Aventures et Chasses dans l'extrême Orient*, **deux volumes très-intéressants.**

fabrication de cordes et de câbles, tandis que sa substance, qui participe à la fois du coton, de la laine et de la soie, se mélange assez bien au tissage avec ces trois textiles. Quant au *Mah-pou*, ainsi qu'on nomme le tissu particulier que fournit la plante, il est très-remarquable par sa blancheur, sa finesse et sa solidité, mais sa confection exige des soins infinis, et elle revient tout à fait cher, malgré l'extrême bon marché de la main-d'œuvre. Au surplus, l'ail, l'oignon, le bananier, l'aloès s'utilisent en Chine comme matières textiles. Leurs tissus prennent le nom générique de *Ha-pou* ou étoffes d'été, et l'une des ces étoffes, le *wang-mah*, jouissant de la propriété d'être imperméable et incombustible, l'empereur l'a réservée exclusivement pour lui et sa famille.

Voici maintenant les tissus laine et coton, blancs et colorés, de Tien-Tsin (classe 32, *fils et tissus de laine peignée*) : les coupures de feutre et les couvertures de laine ou de poil de chameau de Chefoo et de Newchwang (classe 33, *fils et tissus de laine cardée*); les soies grèges, les bourres de soie, les faux brocarts, les velours, les rubans, les satins, les gazes, les tissus de soie de Canton, de Chefoo, de Hankow, de Shanghaï, de Foochow, de Wuhu, etc. (classe 34, *soies* et *tissus de soie*). Nous sommes ici en face de la plus célèbre et d'une des plus anciennes industries de la Chine, d'une industrie qui a un peu perdu de sa clientèle au dehors, mais qui possède toujours au dedans un énorme marché. Tout le monde en Chine, depuis l'empereur et les princes jusqu'aux mandarins et aux simples domestiques de l'un et de l'autre sexe, porte en effet des étoffes de soie. Les unes sont unies, les autres relevées, au point d'en être parfois surchargées, de dessins représentant d'ordinaire des fleurs, des arbres, des oiseaux, des papillons, des insectes, que l'on peint avec tant d'art, au moyen de sucs d'herbes ou de fleurs, qu'à première vue elles semblent se détacher du fond. Jadis, les soieries brochées d'or et d'argent paraissent avoir été d'un usage très-répandu. Mais le pays s'est appauvri, et, de cette circonstance qu'elles ne figurent point à l'exposition, il faut conclure, ce semble, que la production n'en existe plus, ou tout au moins qu'elle est des plus restreintes.

Et ces beaux tissus, ces splendides étoffes ne sont pas l'œuvre d'un de ces ingénieux et puissants appareils qui sont allés toujours en se perfectionnant depuis l'époque déjà éloignée (1804) où Jacquard remania le modèle de Vaucanson, et imagina le célèbre métier auquel il a laissé son nom. C'est au moyen de rouets, de dévidoirs et de métiers d'une simplicité toute primitive que les Chinois préparent leur matière première et qu'ils la façonnent en étoffes du tissu le plus varié : gazes unies ou à fleurs, parfois mêlées de fils d'or ou d'argent; damas de toutes couleurs, satins blancs, noirs, unis et rayés; taffetas à gros grains, à fleurs, jaspés, percés à jour; crépons, pannes et velours.

7.

La province de Tche-Kiang et celles de Kiang-Toung et de Kiang-Sou, toutes les trois maritimes et des plus importantes, sont le centre de la sériciculture. Des plaines entières y sont couvertes de mûriers, et l'un de nos compatriotes, M. Isidore Hedde (de Saint-Étienne), que le gouvernement de Juillet chargea d'une mission en Chine, parle des récoltes annuelles et des 600,000 kilogrammes de soie du district de Chun-te. Dans la seconde de ces provinces, il a vu « les petites magnaneries disséminées dans chaque maison, les corbeilles plates de bambou servant de claies, les coconnières à nœuds pour éviter les doubles cocons et les simples tours à encroisure à la tavelle. » Les mûriers sont généralement placés sur les chaussées des champs de riz ; on les plante et on les taille à peu près comme les vignes, en n'employant, selon M. Hedde, que des procédés connus en France.

M. Hedde n'a rencontré que très-peu de mûriers de haute taille, quoique certainement il existe dans le Tche-Kiang et le Kiang-Sou quelques plantations de cette dernière espèce. Mais, en général, les Chinois paraissent convaincus que ce sont les feuilles des plus petits mûriers qui procurent la meilleure soie, et ils ont soin de ne pas leur laisser dépasser une certaine hauteur et un certain âge. Les arbres deviennent-ils trop vieux, ou montrent-ils trop de tendance à donner du fruit, on les déracine, ou bien on les taille de façon qu'ils puissent donner encore de jeunes branches. Les plantations sont coupées de nombreux canaux, et l'espace de mûrier à mûrier est ordinairement rempli de millet et de légumes.

Les fermes séricicoles sont ordinairement peu étendues et n'ont d'autres travailleurs que le fermier et sa famille, personnel qui suffit non-seulement à la culture et à la greffe des mûriers, mais à la cueillette des feuilles, à l'éducation des vers et au dévidage des cocons. Les maisons où l'on entretient les vers à soie sont situées au centre des plantations, afin de les éloigner de tout bruit, les Chinois étant persuadés qu'un cri soudain, un jappement de chien peuvent faire mourir les jeunes vers. Les pièces où les éducations se pratiquent sont d'habitude obscures et disposées pour un chauffage accidentel, les vers étant tenus et nourris dans des espèces de paniers peu profonds, de forme ronde, ou plutôt de cribles en bambou placés sur des tablettes. Une semaine après le commencement du filage, on met de côté un certain nombre de cocons pour la reproduction des œufs et l'on tue les chrysalides des autres, en les plaçant sous des couches de sel et de feuilles qui interceptent l'air. On les plonge ensuite dans une eau modérément chauffée ; elle dissout la substance glutineuse et colle les soies, que l'on tourne ensuite sur les dévidoirs. Alors, on les range en paquets de divers poids, et elles sont vendues comme soie écrue, ou bien livrées au commerce pour le tissage.

La classe 35 (*châles*) offre des châles de crêpe brodé; la classe 36 (*dentelles, tulles, broderies, passementeries*), des écrans, des coussins, des rideaux en satin brodé, des tapis de table en satin ou en drap brodé; la classe 37 (*articles de bonneterie et de lingerie, objets accessoires du vêtement*), des gants, des mouchoirs, des ceintures, des brosses, des parapluies et des éventails de toute sorte en laque, en sandal, en ivoire, en os, en écaille, en argent. Là-bas, l'éventail est un meuble indispensable et, chose qui nous paraîtra singulière, pour l'homme plus encore que pour la femme. En été, chaque homme, qu'il aille à pied ou en chaise, le porte à la main et, lorsqu'il cesse de s'en servir, il l'enferme dans un étui qu'il suspend à sa ceinture. On peint sur l'éventail des plans de ville, des maximes de morale, des vers choisis, des fleurs, des oiseaux, et, quelqu'un veut-il avoir un souvenir de quelque ami, il achète un éventail blanc et il prie cet ami d'y écrire de sa main quelque chose, comme on fait ici sur les albums.

La classe 38 est celle de l'*habillement des deux sexes*. Nous pourrions demander pourquoi dans le catalogue elle s'ouvre par l'article des *ornements de tête* pour femmes et comprend des *fleurs artificielles* en moelle de jonc, qui paraissent bien appartenir plutôt à la catégorie des accessoires du vêtement qu'au vêtement lui-même; pourquoi les accessoires marchent ainsi avant leur principal, et pourquoi enfin ils sont accouplés avec la bonneterie et la lingerie, puisqu'un bonnet, une chemise, des bas sont des parties intégrantes du costume civilisé. Mais

> Tes pourquoi, dit le Dieu, ne finiraient jamais;

et nous nous souvenons, en bons Français, élevés dans la crainte du Seigneur et de l'autorité, que tout mandarin, pardon, tout fonctionnaire, a reçu en naissant le don de l'impeccabilité. Passons donc, et, sans même nous arrêter à décrire les costumes chinois, avec lesquels les peintures des éventails, des châles et de tant d'autres objets ont depuis longtemps familiarisé les Occidentaux, citons seulement des poupées habillées qui montrent ces costumes, en ajoutant que les Chinois ont diverses sortes de vêtements dont ils diversifient l'emploi, selon les circonstances ou la mode, tout comme un Français le fait de sa jaquette, de sa redingote, de son habit, de son paletot, de son pardessus. M. Sinibaldo de Mas nous informe d'ailleurs que la mode exerce aussi bien son empire sur les bords du fleuve Jaune que sur ceux de la Seine. Les modes pour hommes s'inventent à Péking, paraît-il, et les modes pour femmes viennent de Sou-fou-Tchou, la ville par excellence du bon ton, de la galanterie et du luxe. Ce sont les lorettes de Sou-fou-Tchou qui introduisent les nouveautés, lesquelles finissent par être adoptées par tout le monde, même par les dames du palais impérial, et c'est un autre trait de ressemblance qu'elles ont avec nos *petites dames* qui ont, et il n'y a point de cela un siècle, vu leurs costumes éhontés ou tapageurs imités par la haute société parisienne.

Il est de règle que les femmes se fardent, et, dans les provinces du sud, elles obéissent si bien à cette règle qu'on en voit dans les rues de Canton dont le visage, disparaissant sous des couches alternées de blanc et de rouge, ressemble à un vrai masque. Selon qu'elles sont enfants, filles nubiles, fiancées ou mariées, elles se coiffent d'une façon différente, mais toutefois de façon toujours que leur front soit découvert et leurs cheveux rejetés en arrière. Les hommes eux se rasent la moitié de la tête sur le devant et laissent croître le reste de leurs cheveux, qu'ils nattent en une longue queue qui leur descend le long du dos et parfois atteint le bas du corps. C'est cet ornement grotesque que les Anglais appellent irrévérencieusement une queue de porc : *Pig tail*, et auquel les Chinois eux-mêmes tiennent tant que la plus grande insulte qu'on puisse faire chez eux à un homme, c'est de lui couper sa queue. L'usage toutefois n'est pas indigène : il vient des Mandchoux, et les Chinois, lorsque les conquérants voulurent le leur imposer, s'insurgèrent ; eux qui ne s'étaient pas battus pour leur indépendance se « battirent pour leurs cheveux », comme dit le missionnaire européen qui, sous le titre de *Bellum Tartaricum*, a écrit l'histoire de l'invasion de 1641.

Jusque-là, ils avaient porté tous leurs cheveux,

qu'ils relevaient en un grand nœud sur le haut de la tête, et aujourd'hui encore les hommes de peine, quand ils travaillent, enroulent leur queue en forme de chignon derrière l'occiput. Mais ce serait manquer de respect à un supérieur que de paraître ainsi devant lui; les bienséances veulent qu'en ces occasions la natte pende de toute sa longueur sur les épaules, et c'est pourquoi, lors de la prise de Canton en 1858 par les Anglo-Français, les habitants des basses classes déroulaient leurs queues à la vue d'un militaire européen. C'était leur façon de le saluer. Cette queue s'applique, d'ailleurs, à plusieurs usages : le marin, pendant l'orage, y attache sa calotte; le marchand s'en sert comme d'un mètre, le passant de la rue comme d'un fouet pour châtier un gamin insolent, et le gendarme saisit par sa queue le délinquant qu'il mène en prison. Mais, à côté de ses avantages, cette fameuse queue a bien aussi ses inconvénients : par exemple, dans un grand rassemblement, un farceur s'avise d'attacher les queues de deux ou trois hommes, auxquels il donne l'alerte ensuite et qui tournoient sur eux-mêmes, aux grands rires de l'assistance, lorsqu'ils veulent décamper.

On n'est nullement étonné de rencontrer dans les galeries chinoises des souliers de femme en paille et des pantoufles en satin brodé, et on n'eût pas été plus étonné d'y voir des mules et des chaussures d'étoffe à semelles de bois, puisque le mandarin porte les premières et que le commerçant se sert des secondes. Ce qui surprend, ce sont les souliers en cuir et les bottes qu'exposent les douanes de Newchwang et qui ont réellement une fort bonne mine. Il y a peu d'années qu'une botte à l'écuyère, pour parler comme un Anglais très-spirituel et parfois très-paradoxal, « représentait pour Yin-Young un mystère « aussi étrange que le serait pour un Anglo-Saxon « un jeu de patience chinois. » Mais Yin-Young avait débarqué à San-Francisco sans argent, et il lui fallait du riz pour vivre : ayant lu sur une affiche dans la rue qu'on demandait « de bons ouvriers » chez un certain Aaron Kirney, il offrit ses services: Comme, en fait de salaire, il ne demandait presque rien, le digne juif lui mit en main un marteau, un tranchet, une boule de cire, et l'installa sur un tabouret dans sa boutique. Yin-Young se laissa gronder, battre même, sans mot dire ; mais chaque jour, petit à petit, il se rendait maître de tous les secrets de son nouveau métier. Un beau matin, il a quitté le juif pour s'établir à son compte, et, à cette heure, il est un personnage. Ses magasins sont splendides; il jouit d'une excellente réputation commerciale, et il se venge des anciennes rebuffades d'Aaron en lui enlevant toute sa clientèle [1].

Les nombreux bijoux — broches, pendants d'oreilles, bracelets, colliers, en or, en argent, en ambre, en perles, en cornaline — qui se pressent dans la classe 39

---

1. Hepworth Dixon : *la Conquête blanche*, voyage aux États-Unis d'Amérique; édition française, chap. LVI.

(*bijouterie et joaillerie*), attestent que les dames chinoises partagent le goût des femmes de toutes les classes et de tous les pays pour ce genre de parure. Tout cela est riche, parfois élégant, mais rarement bien original, et ne soutient, ni pour le goût, ni pour l'ornementation et la main-d'œuvre, la comparaison avec l'incomparable joaillerie de l'Inde. Des griffes de tigre montées en or nous ont paru être la pièce qui possédait le plus de couleur locale, sans en avoir néanmoins autant que les arcs, les flèches, les carquois et les couteaux de chasse des aborigènes des îles Formose et Haynan. Elles figurent sous la rubrique : *armes portatives et de chasse*, et le gibier ne manque pas, en effet, dans la région montagneuse de ces deux îles. On y rencontre en abondance des tourterelles, des faisans et aussi des bêtes à courre, telles que lapins, cerfs, chevreuils, daims, sans compter quelques ours. Mais les Igorotes de Formose se servent volontiers de leurs armes contre l'homme lui-même; si quelque imprudent s'approche de leurs campements pour couper du bois ou extraire du charbon, ils fondent dessus des cimes élevées d'où ils le guettent et le transpercent de leur lance, ou lui plongent leur couteau dans la poitrine. La victime à terre, l'Igorote en coupe la tête qu'il transporte dans sa cabane, et, quand il a réuni un certain nombre de pareils trophées, il reçoit à titre d'honneur le droit de faire des pipes et de les vendre.

Notons, pour en finir avec ce groupe, des valises et

des boîtes en cuir (classe 41 : *objets de voyage et de campement*), ainsi que des figurines en terre, en charbon de bois, des sabres en sapèques et les figures en soie des huit génies. Ce sont les génies qui président à la terre, aux vents, aux nuages, au tonnerre, à la pluie, aux montagnes, aux rivières, aux maladies. Ils ont des autels dans chaque chef-lieu de province, de département, de district et de canton. D'autres autels sont dédiés à la suite des empereurs qui ont régné sur la Chine, à la constellation de la grande Ourse, aux gardiens de la cité, aux sages des villages, aux hommes qui ont été des modèles de piété filiale, aux jeunes filles qui se sont distinguées par leur éminente chasteté, aux épouses pudiques. Dans sa superstition, le Chinois est un fidèle observateur de tous ses rites ; mais une curieuse anecdote, que rapporte un Américain qui a vécu douze ans chez lui, prouve qu'il est enclin à traiter ses idoles avec peu de gêne. En 1847, des pluies continuelles faisaient régner la misère à Ningpo : les mandarins se rendirent au temple et implorèrent les bons offices du génie de la pluie. Comme il faisait la sourde oreille et que la pluie continuait de tomber, ils s'avisèrent de transporter son idole au milieu de la cour, pour voir si cela lui plairait. Elle y resta quelques jours, au bout desquels le temps finit par se remettre au beau [1].

Une autre anecdote, racontée par M. Wells Williams,

---

[1]. Scarth, *Twelve Years in China* (Douze ans en Chine).

donne à croire d'ailleurs que les autorités chinoises apprécient à leur valeur les intercessions de cette sorte. En 1835, à la suite d'une longue sécheresse, le gouverneur de Canton donna l'ordre de se présenter devant lui à toute personne qui se croirait en état de faire tomber de l'eau. Un prêtre de Bouddha vint : on lui fit un autel, et il commença ses exorcismes, qui durèrent trois jours. Ils ne réussirent pas et il fut bafoué, tandis que s'il avait eu la chance que la pluie se mît à tomber, il serait devenu un important personnage. « Le gouverneur chinois aurait accepté de « même les services d'un brahmane hindou, ou d'un « sectateur de Zoroastre, pour intercéder vis-à-vis « du ciel. Il se disait probablement, touchant ces « prières, ce que quelques-uns disent des médicaments « homéopathiques : « que s'ils ne guérissent pas, du « moins ils ne font pas de mal [1]. »

1. *La Chine et les puissances chrétiennes*, I, chap. 1er.

GROUPE V

INDUSTRIES EXTRACTIVES; PRODUITS BRUTS ET OUVRÉS

Des fers et des cuivres travaillés à l'arsenal de Foochow, des fers magnétiques naturels, du sulfate de fer, du fer natif, de l'or en feuilles, et des échantillons d'acier, d'étain, de soude, d'alun, de gypse, d'arsenic, de soufre, de pétrole, rangés dans la classe 43 (*produits de l'exploitation des mines et de la métallurgie*), démontrent la variété et l'abondance des richesses minérales et minières que renferme le sol chinois.

Parmi ces richesses figurent des blocs de houille venus de divers points de Hankow, de Newchwang, de Tien-Tsin, de Wuhu, et l'on sait par M. le baron de Richthofen, qui a parcouru pendant quatre ans presque toutes les dix-huit provinces de l'empire, que c'est un pays très-favorisé sous le rapport des gîtes houillers, le plus favorisé peut-être. Le bassin du fleuve Jaune et celui du fleuve Bleu contiennent, en effet, des charbonnages d'une incalculable puissance, de même que la province de Kan-Sou et surtout celle de Chan-Si. Ce témoignage est pleinement confirmé par celui de notre compatriote, M. l'abbé David; il a visité des mines situées dans la dernière de ces provinces, et il a appris des habitants qu'elles faisaient partie d'un seul et même dépôt placé entre le 34ᵉ degré de latitude et le 104ᵉ de longitude. La houille qu'elles fournissaient ne donnait ni fumée ni mauvaise odeur; les morceaux cassés affectaient une forme conchoïdale et non point cubique, prismatique ou feuilletée. Elle ne valait guère plus d'un franc les 100 kilogrammes sur les lieux où elle était brûlée. A la vérité, elle s'allumait difficilement; mais, à une dizaine de lieues plus loin, on en rencontrait de qualité tout à fait supérieure.

Avec leurs voies de communication insuffisantes et leurs procédés primitifs d'exploitation, les Chinois ne retirent que de maigres avantages de leurs richesses houillères. Mais qu'ils s'avisent un jour de les exploiter d'une façon permanente et régulière, qu'ils fassent pénétrer une voie ferrée au cœur des parties les plus populeuses et les plus productives d'un pays « dont l'énorme trafic intérieur laisse le « voyageur dans un étonnement perpétuel », et ce sera vraisemblablement le signal d'une grande révolution économique qui ne se renfermerait point dans les seules limites du Céleste Empire. On pourrait, en effet, apprécier le caractère et mesurer toutes les conséquences possibles d'une évolution pareille au sein d'un peuple très-adroit, très-laborieux, très-économe, chez qui la main-d'œuvre ne prétend encore qu'à une rémunération des plus modiques. Alors aurait-on peut-être, sous les yeux, un nouveau spectacle, celui du travail chinois et du charbon chinois produisant, à leur tour, la plupart de ces articles qu'à cette heure la fabrique de l'Occident déverse sur le marché oriental. Peut-être même ce courant est-il destiné à rebrousser chemin et la balance commerciale à changer de pôles. Un pareil événement surgissant, et la demande tant du thé que de la soie continuant à croître, il est certain que la Chine exercerait un redoutable drainage des métaux précieux de l'Europe, et la distribution générale de la richesse n'en pourrait qu'être très-sérieusement affectée.

La Chine jadis n'était pas moins riche en essences forestières de toute sorte qu'elle ne l'est encore aujourd'hui en richesses souterraines. Mais, si elle a laissé celles-ci intactes, elle a exploité celles-là à outrance. « On se sent malheureux, dit l'abbé David, de voir la rapidité avec laquelle progresse la destruction de ces forêts primitives, dont il ne reste plus que des lambeaux dans toute la Chine et qui ne seront jamais plus remplacées. Avec les grands arbres disparaissent une multitude d'arbustes et d'autres plantes qui ne peuvent prospérer qu'à leur ombre, ainsi que tous les animaux, petits ou grands, qui auraient besoin de forêts pour vivre et perpétuer leur espèce. » Bientôt ce ne sera plus sur les lieux de leur habitat même qu'il faudra chercher les essences forestières de la Chine, que ses divers climats rendent si variées ; on devra visiter les jardins botaniques dont de riches

Anglais se sont donné le luxe à Hongkong, et où ils ont réuni les pins, les palmiers, les canneliers, les bambous de la zone sub-tropicale à côté des cyprès, des azalées, des pins, des sapins, des érables, des bouleaux de la zone tempérée. Seuls, les sommets les plus inaccessibles auront défendu contre l'impitoyable cognée du bûcheron leur maigre couronne de saules nains, de mélèzes et de genévriers rabougris.

On voit à l'Exposition (classe 44 : *produits des exploitations et des industries forestières*) des échantillons de ces divers bois et de beaucoup d'autres, parmi lesquels l'arbre à suif (*Stillingia sebifera* de Wildmann et *Croton sebiferum* de Linnée), dont les graines fournissent de l'huile et de la cire avec lesquelles on fait des chandelles d'une extrême blancheur. Mais un arbre bien plus précieux encore est le bambou, qu'on peut bien appeler l'*arbre à tout faire* de la Chine, tant il y est employé à des usages nombreux et variés. Ses habitants le transforment en chapeaux et en boucliers pour les soldats, en parasols, en semelles de souliers, en balais, en brancards, en treillages. Avec ses rognures, ils font des coussins, et avec ses feuilles, ils confectionnent une espèce de vêtement grossier fort bon pour les temps humides, qui se nomme *shoe e*, c'est-à-dire à la lettre vêtement de feuilles.

Dans les districts à thé, ce bois entre dans la confection des tables à rouler, des paniers, des cribles ; dans la navigation, on en fait des bouées, des paniers à poisson, des voiles, et les catimarons ou radeaux servant de bacs, ne sont composés que des tiges de cet arbre fortement reliées entre elles. Les roues à eau, les herses, les charrues et presque tous les instruments aratoires emploient de même le bambou. Enfin, il paraît souvent sur les meubles de Ningpo, les plus beaux et les plus estimés de la Chine, en incrustations représentant des hommes, des animaux, des temples, des pagodes dont les dessins bigarrés sont peut-être, selon M. Robert Fortune, « ce qu'il y a de plus propre « à donner une idée exacte de la Chine et des Chi- « nois. »

La classe suivante (*produits, engins et instruments de la chasse, de la pêche et des cueillettes*) montre des têtes de grues, des graines de rotin, des cornes, des écailles, des coquilles, des nacres, des coraux, des cires d'abeille, des graines de savon, de la moelle d'*Arabia papyrifera*, des champignons, des fleurs séchées, des lignes, des hameçons, des filets et autres engins de pêche. Les mers de la Chine, ses rivières, ses lacs, ses canaux, abondent en effet en poissons, entre autres en esturgeons, en soles, en maquereaux, en harengs, en goujons, en perches, en truites, en anguilles. Ils entrent pour beaucoup dans l'alimentation du peuple, et leur pêche constitue l'industrie de plusieurs millions d'hommes qui habitent des bateaux sur les rivières ou le long des côtes. On a déjà dit ici même comment les pêcheurs chinois avaient dressé le cormoran à leur servir d'auxiliaire ; mais la plus habituelle manière de pêcher ne laisse pas aussi d'être fort curieuse et fort originale. Le pêcheur est complétement nu et nage autant qu'il marche : il élève ses bras au-dessus de la tête et bat l'eau de toute sa force, en clapotant à grand bruit. Effrayé par cette manœuvre, le poisson se précipite au fond : notre homme, à l'instant même, plonge et disparaît, pour reparaître aussitôt à la surface, frottant d'une main ses yeux remplis d'eau et tenant de l'autre le poisson qu'il a capturé. Il le dépose dans un panier placé à l'avant du bateau et recommence.

L'ordre du catalogue amène maintenant les *produits agricoles non alimentaires* (classe 46), et le plus important de ceux qu'expose la Chine est le coton. La plante qui produit le coton blanc de ce pays est le *Mie-oua* des provinces septentrionales (*Gossypium herbaceum* des botanistes), arbuste annuel qui porte des branches s'élevant à 1 ou 1 m. 20 du sol, dont les fleurs sont jaunes et, comme celles de l'hibiscus et de la mauve, ne s'ouvrent que pendant quelques heures, pour se flétrir et mourir ensuite. La plante de laquelle on tire le coton jaune qui sert à fabriquer les beaux nankins, s'appelle *Tze mie oua* dans le pays, et le savant botaniste Robert Fortune ne la regarde que comme une variété accidentelle de l'autre. Bien que ses graines la reproduisent généralement, elles donnent parfois naissance à des pieds de coton blanc; aussi bien y a-t-il réciprocité entre les deux espèces et voit-on fréquemment des pieds de coton jaune dans les plantations de coton blanc qui environnent Shanghaï, tandis que sur les bords du Yang-tse-kiang, où le coton jaune est cultivé en abondance, on remarque des plans de la variété blanche.

Les procédés de culture offrent naturellement, selon les régions et les coutumes, des particularités et des dissemblances; mais voici celle que M. Robert Fortune a décrite comme normale et qui, considérée en elle-même, est sans contredit la plus avantageuse. Au commencement d'avril, les cultivateurs s'occupent de curer les étangs, les canaux, les fossés, qui coupent le pays dans tous les sens, et de les vider. Ils en retirent ainsi une espèce de vase, composée partie de détritus végétaux, partie de la couche superficielle du sol des coteaux que les fortes pluies ont entraînée dans la plaine. Cette vase reste quelques jours à s'égoutter sur le sol, puis elle est enlevée et répandue sur les cultures cotonnières auxquelles elle fournit un excellent engrais. Il faut ajouter qu'au préalable le terrain a été bien préparé à la recevoir : labouré d'abord avec la charrue à buffle, il est ensuite brisé, pulvérisé pour mieux dire, avec la houe à trois pointes, ou bien à la main dans les fermes de petite contenance.

Vers la fin d'avril ou les premiers jours de mai, on apporte la graine de coton dans des paniers, et l'ensemencement commence. Il a lieu d'habitude à la volée et par exception en lignes ou rangées; dans le premier cas, les ouvriers piétinent soigneusement le terrain, et dans le second, ils commencent par le fumer avec des tourteaux qui ne sont autre chose qu'un résidu de graine de coton cuite. Les pluies, qui surviennent alors avec le changement de la mousson, rehaussent la terre en l'humectant, et la végétation marche avec une rapidité surprenante. Mais les plantations exigent les soins les plus assidus pendant toute la saison d'été : il faut éclaircir les plants trop serrés, biner et sarcler entre chaque pied, enlever toutes les mauvaises herbes, cueillir les capsules qui s'ouvrent journellement, sans quoi elles se saliraient en tombant et le coton perdrait nécessairement de sa valeur. Encore, avec toutes ces précautions et quelque belle apparence que présente la récolte, le cultivateur ne peut-il s'en croire assuré, tant qu'il ne l'a point cueillie et si, par exemple, l'automne n'est point sec, si le temps devient pluvieux lorsque les capsules commencent à s'ouvrir, elles tombent sur le sol humecté et s'avarient.

Une fois rentré, le coton est placé, pendant tout le jour, sur des claies de bambou élevées d'un mètre au-dessus du sol et exposées aux rayons solaires. Chaque soir, on le retire et on le serre dans une grange. Lorsqu'il est complétement sec, on le sépare de sa graine à l'aide d'une machine bien connue, laquelle, au moyen de deux cylindres, fait tomber le coton d'un côté et rejette la graine de l'autre [1]. Le coton ainsi

[1]. « Pour séparer le coton de la graine, on emploie une machine composée de deux rouleaux de bois dur d'environ

nettoyé est dirigé sur les ports d'embarquement ou sur les points de l'empire qui ne le cultivent pas; mais, s'il est destiné à la filature sur place, il subit une dernière préparation pour le débarrasser de ses nœuds. L'appareil employé à cet effet, et qui est aussi très-répandu dans l'Inde britannique, est des plus simples : c'est un arc dont la corde élastique, passée dans une masse de coton étalée sur une table, la soulève en se tendant fortement sous l'impulsion de l'ouvrier, et, la projetant en l'air, sépare la fibre sans briser le coton ou le gâter le moins du monde, en même temps que la vibration de l'air débarrasse le coton de la poussière et des autres impuretés qu'il pourrait contenir.

Des fils d'*Urtica nivea*, des laines, des poils de chameau, du chanvre brut, qui ne paraît qu'une variété de celui qui croît dans nos campagnes, et des filaments de jute, complètent l'exposition des textiles chinois. De l'indigo, de la cochenille, de la *hong-hoa*, plante que l'on croit être le carthame, et

---

40 centimètres de longueur sur 3 centimètres de diamètre cannelés dans toute leur longueur et posés horizontalement l'un sur l'autre. Un ouvrier, en présentant une poignée de coton, met en mouvement la machine au moyen d'une manivelle que fait agir son pied. Alors les rouleaux tournent sur l'axe en sens contraire. Ils sont assez éloignés pour laisser passer le coton, qui est attiré par le mouvement de rotation, et trop serrés pour laisser passer les graines qui tombent aux pieds de l'ouvrier, tandis que le coton laminé est reçu au côté opposé, dans un sac ouvert. » (Dr Descourtils, *Flore des Antilles*, t. IV, p. 211.)

C'est le *Gin-Roller* des Américains.

diverses sortes de résines, d'huiles et vernis représentent les substances tinctoriales et colorantes. Le Père d'Incarville donne l'énumération de quinze sortes de vernis que les Chinois connaissaient de son temps. Dans le nombre figure une huile très-brillante, siccative, qui est fort employée dans le pays. Elle provient d'un arbre dont le fruit sphérique et de la grosseur d'une petite pomme renferme quatre amandes un peu plus grandes que les nôtres, lesquelles, mises sous presse, produisent la substance appelée *Toungyeou*. On s'en sert ordinairement pour peindre les portes des maisons, les planchers, les escaliers, les navires et toutes sortes de meubles, en la mêlant parfois avec de l'huile de lin.

Les teinturiers chinois d'aujourd'hui font un grand usage, pour abréger leur travail, de la couperose, de l'alun, du bois d'Inde, tandis que leurs prédécesseurs, s'il faut s'en rapporter aux livres canoniques, empruntaient au seul règne végétal les éléments de leurs teintures, et que, selon la nature des plantes, ils en extrayaient le principe colorant tantôt par compression, tantôt par infusion ou trituration. Avant de plonger l'étoffe dans la teinture, on la soumettait à une préparation spéciale, en l'humectant d'un mélange dans la composition duquel il entrait toujours un peu de sel marin. Pour adoucir le coton, on employait encore des terres grasses ; puis on le faisait passer dans une lessive claire faite des cendres des feuilles et de la racine du cotonnier lui-même, ou de celles de la plante à laquelle la couleur cherchée était empruntée. A l'égard de la soie, on recourait à des écailles d'huîtres ou de moules pulvérisées, puis délayées dans de l'eau de miel et dans une lessive de cendres de mûrier ou de saule.

Les étoffes ainsi préparées, on les tordait avant de leur appliquer la teinture ; on les foulait, on les battait afin de les rendre plus perméables à la teinture ; puis on les plongeait à diverses reprises dans les cuves, et on les y laissait séjourner jusqu'à sept jours et sept nuits. Ce long bain était regardé comme nécessaire à une parfaite coloration. Au sortir de la cuve, ces étoffes, battues, foulées et tordues à nouveau, étaient séchées à la vapeur d'une eau bouillante préparée, ou bien exposées tout simplement à un soleil ardent, soit encore à l'air chaud d'une étuve [1].

Parmi les produits de la classe 46, il ne nous reste à signaler que des tabacs bruts ou préparés et de l'opium. Le tabac chinois est jaunâtre et très-léger, et il doit être, à en juger par son apparence, agréable à fumer. Les Chinois doivent, en tout cas, le regarder comme tel, car ils en fument beaucoup, les femmes aussi bien que les hommes, et ceux-ci ont, en général, une blague à tabac suspendue à leur ceinture. Ils ne se contentent pas de le fumer : ils le consomment en poudre, qu'ils portent soit dans des

---

[1]. Abbé Girard, *France et Chine*, ch. XXIII.

boîtes en bambou, soit dans de petits flacons. Ils versent un peu de cette poudre sur le bas du pouce de la main droite et de la main gauche, puis, appliquant le doigt au nez, ils reniflent et le tabac monte d'un seul côté.

Le tabac chinois n'est pas entré encore, que nous sachions, dans la consommation de l'Europe, et il n'a que faire de se présenter sur les marchés de l'Amérique, où il rencontrerait de trop rudes concurrents dans le havane, le maryland et le virginie. Quant à l'opium, il faut bien espérer que l'usage ne s'en acclimatera point dans l'Occident, qui a bien assez de ses propres vices et de ses propres causes de langueur physique ou morale, sans qu'il aille rien emprunter à autrui.

La médecine scientifique n'existe point en Chine. Elle n'est enseignée dans aucune école, dans aucune académie, et, l'autopsie des cadavres étant tenue pour un sacrilége, les ouvrages imprimés sur l'art médical donnent, ainsi que les gravures anatomiques qui les accompagnent, les idées les plus fausses sur la structure du corps humain. D'ailleurs ces livres, les étudiants en médecine ne les lisent guère, et le peu de connaissances qu'ils possèdent, ils les puisent dans des recueils de recettes manuscrits qui se conservent dans les familles de docteurs, de père en fils et de fils en petit-fils. Plus un médecin a d'aïeux, plus il inspire de confiance au public, qui le suppose nanti de la science accumulée de ses ancêtres et près de qui c'est une haute recommandation que de pouvoir écrire sur sa carte : *Un tel docteur de quatre ou cinq générations*. Les chirurgiens, dont la science est encore plus incomplète et dont les instruments sont très-arriérés, réussissent rarement dans les opérations qu'ils entreprennent, et, pour ce motif, l'opinion les met au-dessous des médecins.

Les praticiens chinois connaissent bien la vaccine; ils commencèrent à l'employer en l'an 1014 de notre ère, époque où elle fut inventée par un médecin de la province de Tsé-Chouen, du nom de So-mei-Chan [1]. Ils savent préparer à peu près comme en Europe le mercure, le carbonate de plomb ou de zinc, le sulfate de cuivre; mais ils manquent de presque tous les autres produits de nos laboratoires chimiques. Ils se servent fréquemment du moxa et combattent les fièvres intermittentes par l'arsenic. Quelques-uns de ces praticiens s'attachent à la guérison de certaines maladies, et, lorsque M. Sinibaldo de Mas habitait Ningpo, il n'était question dans cette ville que d'un médecin duquel on disait merveille pour les affections d'yeux. Des patients venaient de très-loin pour se faire guérir par lui. Mais voilà que son propre fils tombe malade des yeux, et notre Esculape se montre incapable de le

---

1. L'inoculation se fait en introduisant dans les narines un peu de coton imbibé de virus, ou en mettant sur un enfant des vêtements portés par un autre enfant atteint de la petite vérole.

guérir. Par bonheur, il se trouvait à Ningpo un médecin américain : il vit le jeune malade et l'eut bientôt remis en possession de toute sa vue.

Il ne manque pas toutefois d'Européens qui, ayant habité la Chine, en reviennent enchantés de leurs médecins indigènes. M. de Mas croit qu'en effet les Chinois possèdent des simples puissants, et il pense que leur matière médicale serait digne d'un sérieux examen. « Nous avons déjà le camphre et la rhubarbe, dit-il, qui sont venus de Chine; pourquoi ne pourrions-nous pas en recevoir d'autres médicaments précieux? » Des détails que nous avons sous les yeux, il semblerait résulter que ce vœu aurait été entendu et que la pratique médicale se serait enrichie, sinon d'un spécifique, du moins d'un remède très-actif à la lèpre, cette affreuse maladie, qui a disparu de l'Europe, qu'elle désolait tant au moyen âge, mais qui existe encore dans divers pays subtropicaux et notamment à la Trinidad et aux Antilles danoises. Le P. Brosse, missionnaire à Port-d'Espagne, et M. Guillot, curé de Christiansed, se félicitent en effet de résultats très-remarquables qu'ils ont obtenus sur des lèpres invétérées, les unes humides et les autres sèches, par l'emploi de l'écorce réduite en poudre du *Hoang-nan*, arbre indigène de la Chine, administrée sous forme de pilules [1]. Dans notre profonde incom-

---

1. Les *Missions Catholiques* des 7 février 1877 et 4 janvier 1878.

pétence en l'espèce et sachant bien que la docte Faculté n'est pas tendre aux intrus, nous nous garderons d'avoir à ce sujet une opinion personnelle; mais nous émettrons le vœu qu'elle délègue quelques-uns de ses membres pour visiter l'exposition médicinale de la Chine, et cette délégation n'aurait pas perdu son temps, quand même elle ne découvrirait qu'un ou deux médicaments, dans le grand nombre de ceux qu'étale la Chine et dont notre art de guérir pourrait faire son profit.

GROUPE VI

OUTILLAGE ET PROCÉDÉS DES INDUSTRIES MÉCANIQUES

L'espace assigné à cette étude nous interdit des détails sur les nombreux engins et appareils exposés sous ce titre générique et compris dans les classes 50 à 61 ; aussi bien l'occasion nous a-t-elle été donnée déjà de décrire, chemin faisant, les procédés des plus importantes industries de la Chine. Nous nous bornons, en conséquence, à indiquer ici les plus remarquables de ces appareils ou de ces modèles, qui sont des instruments aratoires, des appareils pour la fabrication du papier, une machine à filer le coton, des instruments pour la fabrication du *grasscloth*, un appareil pour la distillation du camphre, des instruments pour le travail de l'os et de l'ivoire, un appareil pour la fabrication du thé en briques, des moulins à sucre, un modèle d'une raffinerie et un modèle d'horloge à eau.

Les premières horloges à poids, comportant l'échappement encore appliqué dans les montres communes sous le nom d'*échappement à palettes* ou *à roue de rencontre*, parurent en Europe quelque temps après la mort du pape Gerbert, arrivé en 1003. La tradition lui en rapporte l'invention, et dom Calmet assigne la date de 1120 pour celle de la confection de la première horloge, sans en indiquer d'ailleurs l'auteur. Les Chinois en sont restés au clepsydre à eau, et le fait s'explique facilement par l'insuffisance de leur géométrie et leur profonde ignorance des mathématiques, de la physique et des lois du mouvement. A la vérité, Montucla infirme ainsi la trop haute opinion de l'ancienne astronomie chinoise que quelques savants s'étaient faite, entre autres l'illustre Bailly. Mais Delambre et Montucla lui-même ont fait justice de cette erreur, et ils ont pertinemment montré que non-seulement la vieille Chine ne pouvait rien montrer qui ressemblât même de loin à la glorieuse époque des Copernic, des Képler, des Galilée, des Newton, mais qu'encore son astronomie était restée fort inférieure à l'astronomie grecque et même à certains égards à l'astronomie indoue. Les Chinois ont connu les mouvements propres des planètes, mais six cents ans après qu'Hipparque les avait révélés à ses concitoyens et, au cinquième siècle de notre ère, ils regardaient encore l'étoile polaire comme le centre du monde planétaire, alors qu'Aristarque de Samos et Séleucus avaient, depuis des siècles, fait circuler la terre autour du soleil [1].

1. Delambre, *Histoire de l'astronomie ancienne*, I, 263-364; Montucla, *Histoire des mathématiques*, 1, 452-476; Renouvier, *Manuel de philosophie ancienne*, 1. 205.

La canne à sucre est si riche en principes saccharins qu'un appareil à la traiter n'exige point l'application d'un grand génie mécanique. Il suffit d'écraser les cannes, de déféquer le jus, de l'évaporer et de le cuire, puis de cristalliser les sirops. Le moulin à sucre chinois qui est à l'Exposition nous a beaucoup rappelé l'appareil assez primitif que nous avons vu fonctionner aux Antilles françaises, et dont l'invention remontait au XVIIe siècle et au P. Labat. Broyées par cet engin, que l'eau ou le vent faisait mouvoir quand ce n'étaient pas des mulets, les cannes ne donnaient en jus que 40 ou 50 0/0 de leur poids, tandis que, avec les engins perfectionnés que les colons ont adoptés depuis 1848, ce poids va jusqu'aux 70 centièmes, et le jus se cristallise dans de bien meilleures conditions. De ce côté du moins, de même que pour la raffinerie, les Chinois, s'ils sont restés stationnaires, n'ont pas rétrogradé, et c'est ce qu'ils ont fait dans la navigation, à en juger par un curieux dessin que donne le Père Amiot au tome VIII des *Mémoires* des jésuites [1].

Ce dessin représente un navire dont la proue, peu élevée sur l'eau, est de forme arrondie, son arrière pyramidant en forme de château. Le pont est couvert d'un rouf à compartiments ornés de figures de tigres, et le côté de tribord qu'offre la gravure montre deux roues larges et puissantes qu'un mécanisme

1. Planche XX, n° 94.

horizontal mettait en mouvement. Cet appareil inspire au savant jésuite la réflexion qu'on va lire : « Il pourrait donner lieu à quelque invention utile pour faire avancer nos vaisseaux en temps de calme. Ne leur fît-on faire qu'une lieue, cela suffirait peut-être pour les tirer d'un mauvais passage; c'est à nos experts qu'il faut s'en rapporter. » Les *experts* s'en sont mêlés, ou plutôt ils l'avaient fait déjà, à l'époque où Amiot écrivait. Papin avait, en effet, reconnu, vers la fin du dix-septième siècle, que le mouvement alternatif rectiligne du piston pouvait servir de moteur universel, et qu'il serait possible, par exemple, de le transformer en un mouvement continu de rotation applicable à l'arbre horizontal aux extrémités duquel on fixerait des roues à palettes aux lieu et place des rames ordinaires. Ce principe constitutif de la vapeur trouvé, notre illustre et infortuné compatriote l'avait même appliqué sur la Fulda à un bateau de sa construction. Les bateliers de Munden, petite ville au confluent de la Werra et de la Fulda, mirent en pièces ses appareils. Mais Papin devait avoir des successeurs : le bateau de la Fulda, qui réussit d'ailleurs au delà des espérances de son constructeur, a fait place aux gigantesques steamers d'abord à aubes, aujourd'hui à hélice. Mais l'appareil propulseur du bateau chinois, qui remonte peut-être à une très-haute antiquité, est demeuré stérile dans les mains soit de l'inventeur, soit de sa nation.

Des modèles de canots de pêche, de radeaux ou catimarons, de jonques : voilà ce qui représente la marine chinoise à l'Exposition. Elle possède, il est vrai, aujourd'hui, quatre canonnières en fer cuirassées, qui ont reçu les noms étranges d'*Alpha*, *Bêta*, *Gamma* et *Delta*. Elles ont un déplacement de 400 tonnes et des machines de la force de 300 chevaux-vapeur, calent huit pieds d'eau et portent chacune un canon du poids de 27 tonnes et demi pour les deux premières et de 38 tonnes pour les deux autres [1]. Mais ces canonnières ont été construites sur des chantiers anglais, et, en fait de types indigènes, la Chine n'en a pas d'autres que les trois énoncés plus haut, ce qui, en vérité, est très-peu de chose. Une jonque est assurément pittoresque à voir, avec ses dunettes et ses châteaux d'arrière et d'avant, qui reportent l'esprit aux majestueuses constructions navales du xviie siècle. Mais les vaisseaux que commandaient les Ruyter, les Duquesne, les Russell avaient des qualités nautiques et militaires qui manquent tout à fait aux jonques. Leur stabilité, c'est-à-dire leur force de résistance au vent et leur aptitude à virer de bord, était tout autre : et ils ne craignaient pas d'affronter la haute mer, et la jonque, elle, est réduite à longer la côte et à naviguer de cap en cap.

Dès la première moitié du premier siècle avant Jésus-Christ, les livres chinois mentionnent néan-

---

1. Frederick Martin, *The statesman's Year Book for* 1878.

moins le *char magnétique* dont l'empereur Thsing-wang avait fait don, neuf cents ans plus tôt, aux ambassadeurs du Tonking et de la Cochinchine, afin qu'ils ne s'égarassent point en retournant chez eux, et au quatrième siècle les navigateurs chinois se servaient de l'aiguille aimantée pour aller en haute mer [1]. On sait ce que les Occidentaux ont su faire de la boussole et aussi quel parti ils ont tiré de la poudre, qui paraît bien leur être venue des Arabes, comme la boussole, mais que les Arabes avaient reçue des Indous. Il est très-vraisemblable toutefois que les Indous eux-mêmes la tenaient des Chinois, et toujours est-il qu'on trouve dans les livres les plus anciens et les plus authentiques de ceux-ci des recettes pour la composition de la poudre ordinaire et de la poudre à canon. Eh bien! ce peuple ne s'est pas plus servi de la poudre qu'il ne s'était servi de la boussole. Deux cents ans avant Jésus-Christ, le célèbre Koung-Ming employait des canons en bambou et des canons en fer, ainsi qu'une arme qui était désignée sous le nom d'*essaim d'abeilles* et dont le dessin fait penser au fusil de rempart. Il avait des artifices de guerre dont la composition paraît avoir été fort analogue à celle du feu grégeois. Après sa mort, on abandonna tous ces engins, faute, sans doute, de gens capables de les confectionner ou de les manœuvrer [2].

1. Humboldt, *Cosmos*, II, 310.
2. Amiot, *Mémoires*, t. VIII, *Supplément à l'art militaire des Chinois*.

A côté des modèles montrant la fabrication du papier, on eût aimé à rencontrer quelques données sur les procédés typographiques des Chinois. C'est une bien vieille industrie chez eux : dès l'an 175 de notre ère, ils conservaient leurs textes sur des planches en pierres gravées en creux, et on les voit en 593, sous l'empereur Wen-ti, recueillir leurs dessins usés et les graver sur les bois. Les caractères, cependant, restaient toujours écrits à l'endroit ; mais, de 904 à 917, vers la fin de la dynastie des Tchang, les textes gravés sur pierre le sont en sens inverse, pour s'imprimer en blanc sur fond noir. La gravure sur bois succède en 932 à la gravure sur pierre, et vingt ans plus tard, les neuf King ou livres canoniques sont imprimés et mis en vente [1]. Enfin, de 1041 à 1049, les types deviennent mobiles. Marco Polo n'a pas dû connaître tous ces faits, sans quoi il n'eût pas manqué de les divulguer ; mais Klaproth affirme que les procédés typographiques des Chinois se trouvent décrits dans un livre de l'Arabe Rachid Eddin écrit vers 1310 [2], c'est-à-dire près de cent cinquante ans avant l'apparition du psautier de Pierre Schœfer. On sait, en effet, que le premier livre sorti de la presse typographique ne porte pas le nom de Gutemberg, quoique celui-ci, de

1. Bazin, *La Chine moderne*.
2. C'est dans sa *lettre* à M. de Humboldt sur la boussole que Klaproth cite cette circonstance. Les procédés chinois ont été décrits par Stanislas Julien, d'après les *Mémoires* de Tching-Mai, qui font partie du fonds Fourmont de la Bibliothèque nationale.

concert avec le vieux Faust, en eût commencé l'impression ; mais, à cette époque, le gentilhomme mayençais était ruiné et exproprié, peut-être même en prison pour dettes.

GROUPE VII

PRODUITS ALIMENTAIRES

Dans sa variété de conditions topographiques et climatologiques, la Chine réunit les céréales du nord à celles du midi, et le groupe VII nous montre ses froments, ses orges, ses sarrasins, à côté de ses maïs, de ses millets et de ses riz. Les farines de haricots et de pois y rencontrent les farines de patates, et le vermicelle y est voisin de l'arrow-root (classe 69 : *céréales, produits farineux, avec leurs dérivés*). Il ne faudrait pas s'imaginer, d'après cela, que, « grâce à l'habileté et à l'industrieuse activité du peuple chinois, il n'y ait point en Chine un seul pouce de terrain perdu pour la culture, ainsi que l'ont écrit plusieurs voyageurs et que M. Robert Fortune le croyait lui-même avant d'avoir visité le pays. Cette visite le détrompa : il reconnut qu'au contraire, la plus grande partie du sol était inculte, et force est bien de croire à l'exactitude de ce renseignement lorsqu'on voit l'émigration chinoise affluer de plus en plus, non-seulement dans les pays plus ou moins tributaires de l'empire, mais aux Philippines, à Bornéo, à Java, dans l'Australie, dans l'Annam et la Cochinchine française, dans la Birmanie et le royaume de Siam, au Japon, au Chili, au Pérou, aux États-Unis [1], et lorsqu'on est au courant des terribles famines qui, de temps immémorial, ont ravagé ce pays et qui en ce moment même le désolent encore.

Le riz constitue la principale nourriture du peuple chinois. Dans les régions chaudes, il peut aisément fournir deux récoltes consécutives, et, dès que les produits de la récolte hivernale ont été enlevés, c'est-à-dire au printemps, on prépare le sol pour la première. Le sol est inondé au préalable, puis retourné au moyen de la charrue à buffle ou à bœuf; instrument simple, grossier même, mais qui évidemment convient le mieux à ce genre de labour, puisque les Chinois ont constamment refusé d'employer les charrues anglaises, même offertes à titre gracieux [2].

---

[1]. Un Allemand, M. Frédéric Ratzel, dans un volume paru il y a deux ans, évalue *grosso modo* à 19,000,000 le chiffre de ces émigrants, dont environ 3,200,000 pour les pays tout à fait indépendants du Céleste Empire.

[2]. M. Isidore Hedde nous dit qu'il y a trois espèces de charrues principalement usitées en Chine. Ce sont : 1° la *charrue de Canton*, à chaussoir et à oreille plate sur le côté, destinée au labourage des terres légères; 2° la *charrue de Tchang-tou*, de grandeur naturelle et à oreille plate, utilisée surtout pour le défrichement des terrains pleins de racines : elle offre aussi, dans la confection de ses deux principales pièces, le fer de lance et le versoir, la solution d'un intéressant problème métallurgique, c'est-à-dire la soudure de deux oreillons ou rondins de fer sur le versoir en fonte, qui paraît être martelé; 3° la *charrue de Kiang-sou*, pour les terrains forts.

Une seule charrue peut parcourir un hectare en trois jours ; cette surface est alors couverte d'engrais, dont le riz se montre très-avide et dont les plus employés sont le limon des canaux, les herbes aquatiques, la luzerne et les fèves, la fiente de pourceau, les tourteaux et par-dessus tout le purin, qui est d'un usage universel, mais que l'on ne s'inquiète nullement de désinfecter. La herse passe ensuite, afin d'ameublir les mottes de terre et d'enterrer l'engrais. Le sol, ainsi préparé, se trouve dans les meilleures conditions pour recevoir les graines : dans les provinces méridionales, il est habituel de les immerger dans l'eau ou dans un engrais liquide, pendant huit à dix jours, jusqu'à ce qu'elles commencent à germer. On procède alors à l'ensemencement qui se prépare selon deux méthodes. Dans les terrains moins féconds en mauvaises herbes, on se contente de répandre le riz aussi également que possible sur la vase à peine recouverte d'eau, et, lorsque la plante a pris un demi-pied de hauteur, cette vase est ramenée autour de sa tige. La seconde méthode, plus répandue, consiste à semer les graines en pépinière; de temps à autre, pendant un mois environ, on arrose de purin, puis on transplante par faisceaux de cinq à six plants. Enfin, au mois de juillet, le riz reçoit un dernier supplément de tourteaux, de fiente de porcs ou de purin, et, dès que la tige s'incline vers la terre sous le poids du grain jaunissant, on s'apprête à le récolter.

Le riz, coupé à la faucille, est lié en gerbes, puis immédiatement battu, ou bien engrangé, suivant les circonstances. Le grain est d'abord vanné, puis dépouillé de sa première pellicule, en passant sous une meule de bois, enfin pilé dans un mortier, afin de le dégager d'une seconde pellicule plus tenace. Cette dernière opération, qui est fort pénible, se fait à l'aide d'une bascule sur laquelle un homme pèse de tout son poids et de la sorte élève le pilon, tandis qu'il se retire pour laisser ce pilon retomber dans le mortier. Le riz en sort blanc comme la neige et prêt soit pour la consommation, soit pour le marché.

Les semailles et la récolte du riz sont plus ou moins tardives, selon les localités et leurs conditions climatologiques. Mais partout et pendant toute la croissance de ses pieds, il faut baigner le terrain et avoir soin d'entretenir constamment dans la rizière deux ou trois pouces d'eau. Les terrains qui occupent le bas des coteaux reçoivent l'eau provenant des sources supérieures, et les champs situés dans le voisinage des rivières et des canaux s'irriguent par le moyen de la roue à eau ou noria en usage dans tous les pays. Ces appareils sont de diverses sortes; mais le principe en est le même, la différence ne se trouvant que dans le moteur qui les fait agir : c'est tantôt la main, tantôt le pied, ou bien un animal quelconque, un buffle ou un jeune bœuf le plus communément. Au Pou-Tong, on se sert de palettes en bois, reliées entre elles par le centre et formant une chaîne sans fin, laquelle est encaissée dans une auge de 5 à 7 mètres, dont une des extrémités repose sur la limite du champ à irriguer, tandis que l'autre est suspendue sur la surface de l'eau à élever. Un cylindre horizontal, armé de pédales, met en mouvement le système ; deux ou trois hommes, les bras appuyés sur une barre, marchent au pas de course sur ces pédales et font ainsi tourner l'appareil. Quand le cultivateur est assez aisé pour nourrir un buffle ou un bœuf, il adapte au cylindre de la noria une roue dentée que l'animal fait mouvoir en tournant comme au pressoir ou à la meule.

Dans un dîner, chaque convive a près de soi une tasse de riz bouilli : c'est le pain du pays, et l'on ne demande pas à quelqu'un *s'il a dîné*, mais bien *s'il a mangé* du riz. Les premiers plats qu'on sert sont les fruits et les douceurs, puis viennent les hors-d'œuvre, les ragoûts, les œufs, les poissons, etc. Parmi ces mets figurent les crevettes et les poissons séchés, les moules séchées, l'holothurie ou biche de mer, les ailerons de requin, dont il y a des échantillons à l'Exposition (classe 72 : *viandes et poissons*), et les fameux nids comestibles, qui brillent par leur absence. L'oiseau qui produit ce singulier mets est appelé *hirondelle de Chine* par quelques naturalistes, mais il est plus connu sous le nom de *salangane*, qu'on lui donne aux Philippines où il est très-commun. On n'a point été toujours d'accord et on ne l'est point tout à fait encore sur la matière dont ces nids se composent.

Les uns y ont vu une sorte de goëmon, ou bien une écume blanche et visqueuse, une sorte de salive que les salanganes auraient la propriété de sécréter, tandis que d'autres y reconnaissent du frai de poisson et une écume gluante que l'agitation des vagues forme autour des rochers auxquels ces nids sont fixés par le bas et par le côté. Il paraît bien cependant que la véritable matière de ces nids est le seul frai de poisson, qui, dans ces mers et à certaines époques, vient à se former sur l'eau comme une sorte de colle forte à demi délayée.

Toujours est-il que les Apicius chinois sont très-friands de ce régal et qu'ils y mettent volontiers des prix exorbitants. Quand il est bien préparé et suffisamment relevé d'épices, les Européens eux-mêmes ne le trouvent pas désagréable, s'ils peuvent du moins surmonter une répugnance instinctive; mais il est peu probable qu'ils se réconcilient jamais avec certains autres plats qui font pourtant les délices des Chinois. Tels sont par exemple les fricassées de chenilles salées et d'œufs de lézards, les vers de terre séchés ou salés comme des harengs, les larves d'abeilles sauvages macérées dans la saumure ou frites à l'huile ou à la graisse, les cigales, et enfin « le cuir japonais », sorte de peau foncée que l'on fait macérer dans l'eau. Tous ces mets s'étalent sur la table du riche, et le pauvre mange à peu près tout ce qui lui tombe sous la main. Le P. Cibot, qui vivait à Peking près de la cour, s'étonnait et se scandalisait presque de lui voir rechercher la viande de cheval, de mulet, d'âne et de chameau : il ne savait pas, sans doute, que, par besoin et non par goût, il s'alimentait avec la chair du chien, du rat et d'autres animaux plus répugnants encore.

Comme diversion à ces détails, parlons maintenant des fruits secs, que la Chine a envoyés en abondance au Champ de Mars (classe 73 : *légumes et fruits*). Ce sont des amandes, des noix, des pêches, des pruneaux, des raisins et une infinité d'autres fruits cultivés ou sauvages, acides ou doux, que l'Europe ne connaît point, mais qui là-bas croissent en abondance. Dans la classe suivante (*condiments et stimulants; sucres et produits de la confiserie*), nous trouvons des citrons, des oranges, des grenades, des pêches, des abricots, des coings, des gingembres confits, en un mot une foule de confitures si délicieuses, comme dit M. l'abbé Girard, « que nos jeunes lecteurs et nos lectrices de tout âge en rêveront rien que d'y penser ». Il ajoute que ces confitures, qui ne sont pas moins bien faites qu'exquises, se conservent fort longtemps, et que pendant l'été on mêle de la glace à celles qui se servent sur la table. L'usage de la glace est familier depuis longtemps aux Chinois, et l'empereur, en certains jours de munificence, en fait de larges distributions au peuple qui, s'il était consulté, préférerait, peut-être, quelques sacs de riz et quelques mannes de poisson sec.

C'est dans cette classe que le catalogue range les thés et assez singulièrement, selon nous, puisque, sous sa forme naturelle, le thé est un produit agricole, et qu'il faut l'infuser pour en faire un stimulant. C'est même, après le riz, la grande culture agricole de la Chine, culture que M. Robert Fortune a décrite avec une précision et un soin tout particuliers, en homme qui a parcouru de sa personne les districts à thé les plus intéressants et que de grandes connaissances en botanique mettaient à même de rectifier des erreurs accréditées depuis longtemps [1]. Le public européen s'était, en effet, habitué à croire que le thé noir ne pouvait s'obtenir que de l'espèce appelé *Thea Bohea* et le thé vert de l'espèce dite *Thea viridis*, et, dès son premier voyage qui eut lieu en 1843 et ne dura pas moins de trois ans, M. Fortune acquérait la conviction que les thés noirs ou verts de la Chine septentrionale proviennent de la même variété, le *Thea viridis*, et que les vrais thés noirs de la province de Canton sont faits avec le *Thea Bohea*. Les thés noirs pouvaient donc s'obtenir de deux variétés différentes ; ils s'en obtenaient, en effet, et, les thés verts ne devant cette coloration qu'à une teinture, on pourrait tout aussi bien en offrir aux Européens de jaunes ou de rouges, s'ils venaient un jour à préférer ces couleurs.

Sans doute, il y a des thés *verts* en Chine ; mais ils ne ressemblent pas aux thés *verts* qui s'exportent en

---

[1]. Dans ses deux ouvrages : *Narrative of two Visits to the Tea Countries of China*, 1843-1852 (Narration de deux visites aux contrées à thé de la Chine), et *A third Visit to China*, 1853-56. Troisième visite en Chine).

Europe. Les premiers n'ont que la teinte d'un vert pâle qu'ils acquièrent naturellement en séchant et qui devient noire s'ils restent longtemps exposés à l'air dans un état encore humide et s'ils sont soumis dans les bassins à une forte chaleur, tandis que les autres se distinguent par un vert éclatant, que les Anglais nomment la fleur (*Bloom*) et qu'ils doivent à une teinture de bleu de Prusse, de gypse ou de racine de curcuma. Les Chinois eux-mêmes n'usent jamais de ces thés *colorés* ; mais, comme ils disent, « pourquoi contrarier les *Barbares* qui veulent une addition de plâtre et de bleu de Prusse, d'autant que ces ingrédients sont à fort bon marché et relèvent la valeur vénale du produit[1] ? » Par la même raison, ils ne font nulle difficulté d'augmenter, par diverses manipulations, l'arome naturel du thé, quoiqu'ils se contentent pour leur compte de faire infuser la feuille telle qu'elle a été récoltée et séchée, sans jamais mêler à cette infusion ni lait ni sucre.

Pour prospérer, l'arbuste à thé a besoin d'un très-bon sol. Aussi les plantations de la Chine septentrionale sont-elles toutes établies sur les pentes inférieures et les coteaux les plus fertiles, jamais dans les vallées. Elles sont d'une faible étendue, deux hectares à deux hectares et demi en moyenne, et les bâtiments

---

1. M. Fortune a voulu se rendre compte de la quantité de plâtre et de bleu de Prusse que les buveurs de thé du Royaume-Uni et des États-Unis ingurgitaient de la sorte, et il s'est assuré que 100 livres de thé vert contenaient une demi-livre de ce détestable mélange.

de ferme rappellent, avec moins de confortable et de meubles encore, les anciens cottages de l'Ecosse où le paysan, sa vache et son porc logeaient pêle-mêle. Dans tous les districts à thé, on élève en semis, chaque année, une grande quantité de jeunes plants, dont les graines sont récoltées et mises dans des paniers, avec un mélange de sable de terre et de sable un peu humide. Au printemps, on les en retire et on les dépose dans le sol. Après un an, les jeunes plants ont atteint 26 ou 30 centimètres. C'est le moment de les transplanter, opération qui a toujours lieu en mars ou en avril, quand la mousson du printemps change. On les dispose par groupes de cinq ou six sujets séparés les uns des autres par un intervalle de 1 mètre 20 centimètres, la même distance régnant entre les lignes de plantation, lesquelles se serrent les unes contre les autres dans les terrains pauvres.

Il n'y a plus désormais d'autres soins à prendre que de tenir le terrain net de mauvaises herbes et à attendre la troisième année de plantation pour opérer la cueillette, les habitants sachant très-bien le tort que cause aux arbustes cette opération si elle est prématurée. Sur les plantations tout à fait en âge et en bon état, les ouvriers s'abstiennent même de toucher aux arbustes les plus faibles. Mais, quelle que soit la fertilité du sol ou l'intelligence de la culture, un moment arrive nécessairement où la plante dépérit, où il n'y a plus rien à en attendre.

Ce moment dépend de plusieurs circonstances locales et ne saurait être indiqué d'une façon précise. Toutefois, dans les conditions les plus favorables, la durée d'un plant n'excède guère dix ou douze ans, et il n'est pas rare qu'aux approches de cet âge, les cultivateurs arrachent les vieux plants pour les remplacer par des jeunes.

La première cueillette des feuilles se fait généralement vers la mi-avril. On enlève les jeunes boutons au moment où ils commencent à s'ouvrir, et on en fait, sous le titre de *jeune hyson*, une qualité tout à fait supérieure et dont les Chinois font des présents à leurs amis ou à leurs supérieurs. Quinze ou vingt jours après cette première cueillette, c'est-à-dire vers le commencement de mai, les arbustes sont déjà recouverts de nouvelles feuilles et en assez grande quantité pour qu'il soit possible de procéder à la deuxième récolte, qui est la plus importante de toutes. La troisième et la quatrième ont lieu à mesure que de nouvelles feuilles se produisent, mais elles ne donnent qu'un thé tout à fait inférieur et qui s'exporte rarement hors de la province. Cette opération se fait d'une façon très-rapide : les feuilles s'entassent sans choix dans des paniers en bambou ou en rotin, et, lorsqu'une quantité suffisante en a été recueillie, elle est transportée à la ferme pour être soumise au séchage.

Cette nouvelle opération se pratique dans des bassines en fer très-mince, de forme ronde et d'une faible profondeur, que l'on échauffe au moyen d'un tuyau à la bouche duquel on allume un feu modéré et régulièrement conduit. Dès que les bassines sont échauffées, on y jette une quantité donnée de feuilles, puis les travailleurs, hommes et femmes, les tournent, retournent et agitent constamment. Cela dure environ cinq minutes, temps pendant lequel les feuilles, qui s'étaient d'abord crispées et recoquillées, se détendent, deviennent molles au toucher, souples, flexibles. On les retire alors des bassines, et on les dispose en un petit tas sur une table dont la surface est faite de bâtons de bambou jointifs. Trois ou quatre personnes les roulent alors, à la façon d'un gindre pétrissant sa pâte, et, au bout de cinq minutes de cette manipulation, elles sont réduites au quart tout au plus du volume qu'elles avaient auparavant.

Le roulage terminé, on enlève les feuilles; on les secoue légèrement au van ou crible formé de bambous assez serrés, et on les expose à l'action de l'air, par un temps, autant que possible, sec et nuageux. On les rejette ensuite dans les bassines, et on les soumet à une deuxième chauffe. Le grand soin du chauffeur, dans cette nouvelle préparation, est de maintenir un feu très-égal, comme celui des autres travailleurs est d'agiter incessamment les feuilles avec un petit balai en brins de bambou. Lorsque le thé est complétement sec, il est trié, criblé et classé en différentes qualités pour être mis en paquets. Enfin ces paquets eux-mêmes sont mis en panier ou en boîte; on les recouvre d'une double étoffe ou d'une couche de paille; on les tasse fortement, et la besogne du producteur se trouve finie.

Il ne reste plus qu'à vendre le thé et à le consommer sous forme de breuvage, et cette consommation est vraiment énorme. Rarement un Chinois boit de l'eau: il se désaltère avec du thé et il ne manque pas, en outre, d'en prendre à chacun de ses repas réguliers. Chaque rue, chaque ruelle possède sa *maison à thé*, équivalente aux premiers cafés qui s'établirent en France. Le voyageur la rencontre encore le long des grandes routes, sur les sentiers des régions montagneuses, aux alentours des temples, dans les endroits même les plus écartés. Là, on se procure une tasse de thé pour la modique somme de 1 *cash*, 2 tout au plus, et si l'on considère que 100 cash valent à peu près 47 centimes de notre monnaie, on voit que le paysan chinois peut se donner le plaisir de boire deux ou trois tasses de sa boisson favorite pour un ou deux centimes.

Il est difficile d'évaluer même approximativement le total de cette consommation. M. Robert Fortune arrivait au chiffre de 815,400,000 kilos, à raison de six tasses par personne et de 300 millions de buveurs de thé; mais, aujourd'hui du moins, ce dernier chiffre paraît exagéré, et en le réduisant à 250 millions, on serait plus près de la vérité, peut-être. Cela donnerait encore une quantité de 675 millions de kilos; cette quantité reste colossale, et, si l'on ajoute 80 millions de kilogrammes qui s'exportent, elle monte à 755,000,000 de kilogrammes. Sur les 80 millions de thés exportés, l'Angleterre en consomme à elle seule plus des sept dixièmes (65,685,000 kilos), et l'Inde lui en envoie près de 14 autres millions. En d'autres termes, le thé chinois entre encore pour 80 centièmes dans la consommation du Royaume-Uni et le thé indien pour 20 centièmes seulement. Mais il ne faut point oublier que la quote-part du thé indien n'était que de 1 pour cent il y a dix-sept ans, et que la culture du thé a devant elle un champ pour ainsi dire sans limites dans l'Inde, où elle sort à peine de la période des tâtonnements et des premiers essais.

La vigne, ainsi qu'on l'a vu plus haut, vient très-bien en Chine, et, bien des siècles avant l'ère chrétienne, ses habitants savaient fabriquer le vin. L'empereur Kang-hi en parle dans ses « Instructions familières » et fait remarquer que l'usage en fut d'abord particulier aux sacrifices, et qu'on le réserva longtemps pour ranimer les forces des vieillards, recevoir des hôtes de distinction, répandre une douce gaieté dans quelques festins d'apparat. Une étiquette sévère bornait d'ailleurs à trois verres l'usage de la précieuse liqueur. Cette sobriété ne dura pas toujours, et les empereurs jugèrent nécessaire un jour de prohiber la culture de la vigne tant pour prévenir le désordre de l'ivrognerie que pour restituer à la culture du riz et des autres céréales des terrains que la vigne avait envahis. Aujourd'hui, cette prohibition a disparu ; mais, dans l'intervalle, les Chinois s'étaient si bien accoutumés à d'autres boissons fermentées qu'ils ne demandent plus à la vigne que son fruit frais ou préparé.

Ils nous ont envoyé des vins, des bières, des eaux-de-vie de millet et des vins de riz. Ceux-ci peuvent à la rigueur se faire avec le riz ordinaire ; mais d'habitude on y emploie la variété glutineuse qu'on cultive exprès dans ce but et qu'on appelle *Ngomi*. Pour obtenir la liqueur, on met le riz dans un grand vase de terre, en y ajoutant du levain. Au bout de quelques jours, la fermentation a été suffisante pour que le vin soit formé. On se borne à décanter le breuvage, sans le distiller, l'alambic n'étant employé que pour avoir de l'eau-de-vie, que les Chinois appellent *Chao tsiou* ou vin brûlé. Ce vin de riz est très-faible ; mais il possède un goût acide qui le rend agréable à boire pendant les chaleurs, et dans quelques provinces on y mêle de l'armoise afin de lui donner de l'amertume.

Les Chinois tirent leurs eaux-de-vie du froment, du riz cultivé ou sauvage, du sorgho et parfois de la canne à sucre. Elles sont fort au goût du peuple, qui les boit toutes chaudes et trop souvent avec excès. Quant au vin de millet, il s'obtient par la fermentation d'un mélange d'eau et de grain, et le levain qui sert à cette fabrication s'appelle le *Kin tsee*, ce qui veut dire « la mère du vin. » Il ne se prépare pas d'ailleurs avec le millet seul : on y emploie aussile froment, l'orge, le seigle, l'avoine, auxquels on mêle des aromates, des pignons, des amandes, des feuilles, des écorces, des fruits séchés et réduits en poudre.

Notre rapide voyage à travers l'Exposition chinoise se termine ici. Nous ne voulons pas toutefois déposer la plume sans avoir mentionné une industrie du Céleste Empire qui n'est pas représentée au Champ de Mars, mais qui ne laisse pas d'être curieuse et fort originale : il s'agit de l'éclosion artificielle des œufs que M. Milne a vu pratiquer dans les environs de Shanghaï et M. Fortune dans l'île de Chusan. L'établissement de Chusan n'était à proprement parler qu'une espèce de hangar couvert en chaume, avec des murs en terre le long desquels on voyait rangés des paniers en paille enduits extérieurement d'une forte couche de paille, munis d'un couvercle mobile et fermés au fond par une tuile. Les œufs, une fois apportés à l'établissement, étaient immédiatement placés dans les paniers et l'on allumait les fourneaux, en ayant soin d'entretenir une chaleur toujours égale et s'élevant de 35 à 38 degrés centigrades. Au bout d'une quinzaine de jours de ce traitement, les œufs étaient retirés et placés, recouverts d'une étoffe de coton, sur des tablettes où ils restaient encore une autre quinzaine de jours, et au bout de ce temps les jeunes canards crevaient leurs coquilles.

LE JAPON

LE JAPON

ET L'EXPOSITION DE 1878.

INTRODUCTION

SUR LE GOUVERNEMENT ET LA STATISTIQUE.

SITUATION ; SUPERFICIE ; POPULATION. — Entre le 24ᵉ et le 50ᵉ parallèle nord, le 123ᵉ et le 150ᵉ degré de longitude orientale, s'étend un groupe de quatre grandes îles — Yéso, Hondo (que nous appelons à tort Nippon), Sikok, Kiousiou — que flanquent une multitude de petites îles et d'îlots : c'est le Japon des Européens, dénomination qui provient sans doute du chinois *She-pen*, que les habitants des provinces septentrionales de la Chine prononcent *Ze-pen*. Quant aux indigènes eux-mêmes, le nom qu'ils donnent à leur pays est celui de Terre de Nippon ou *Terre du soleil levant*, le mot Nippon étant dérivé de deux autres dont l'un signifie soleil et l'autre origine.

Les 3,850 îles, îlots et rochers qui composent l'archipel japonais embrassent une superficie de 371,277 kilomètres carrés et sont peuplés de 34,785,281 habitants, s'il faut s'en rapporter au recensement opéré pour la première fois en 1871, dans des conditions d'ailleurs assez peu scientifiques. Il y avait alors 1,872,959 personnes employées dans les services civils ou dans l'armée et la marine ; 414,270 ecclésiastiques, dont 244,869 prêtres ou moines boudhistes, 6,711 religieuses du même culte, et 163,140 prêtres shintoïstes, représentants de la religion indigène, qui parait avoir eu son origine dans l'adoration du soleil d'abord et, par extension, des grandes puissances de la nature personnifiées. Le recensement rangeait les 32,497,642 autres habitants sous deux grandes catégories, l'une comprenant les banquiers, les commerçants, les boutiquiers, les artisans, les marins et représentant environ le cinquième de ce total ; l'autre composée des mineurs et des agriculteurs, et conséquemment quatre fois plus nombreuse que la première. Mais on peut dire d'une façon générale que la nation japonaise ne se divise qu'en deux grandes classes. L'une, bureaucratique ou militaire, lettrée ou cléricale, forme ce qu'on appelle aujourd'hui les *kasoku* et les *shizoku*, au nombre d'environ 2,000,000, tandis que l'autre, celle des *haïmin*, comprend le reste de la nation, et semble, par malheur, réduite à une extrême pauvreté, insouciante de la forme de son gouvernement, résignée à la servitude, pourvu qu'elle ne la prive pas de son pain journalier.

Forces du gouvernement. — Ce gouvernement, depuis que le Japon est entré dans les voies d'une transformation en apparence radicale, n'est plus un pur despotisme. On s'est trop hâté toutefois de croire, sur la foi d'un premier coup d'œil, que ce pays jouit à cette heure d'un véritable système représentatif. Ce qu'on a nommé, en effet, la Chambre haute, ou le Sénat du Japon, n'est autre chose qu'une réunion, sous le nom d'Assemblée de vieillards, *Gen-ro-in*, des membres de l'ancien Conseil d'État et d'un certain nombre de fonctionnaires ou d'anciens seigneurs féodaux (*daïmios*). Ses attributions n'ayant pas été définies par le décret qui l'institua, elle ne put parvenir à en fixer elle-même l'étendue et le gouvernement finit par la proroger. La prétendue Chambre des communes du Japon fonctionne toujours; mais ses fonctions sont purement consultatives, et, composée uniquement des préfets des divers *ken* (départements), elle ne gêne nullement ni le Mikado, ni ses ministres. Ceux-ci ne sont pas à l'abri cependant des manifestations de la presse indigène, et elle ne leur ménage pas la vérité, paraît-il, bien que placée sous une législation draconienne et dont les principaux traits ont été empruntés à l'arsenal des lois françaises sur ou, pour mieux dire, contre la liberté d'écrire, notamment au trop célèbre décret-loi du 17 février 1852.

Finances; budget. — Le régime actuel affecte d'ailleurs des allures régulières, et nous avons sous les yeux un curieux document, portant la signature du ministre Okuma-Signabohu, document qui a paru dans le *Japan Daily Herald* (Courrier quotidien du Japon) et qui concerne la gestion des finances japonaises pendant la période 1875-1877, c'est-à-dire la huitième, la neuvième et dixième année de ce qu'on appelle là-bas l'ère (*Nengos*) du *Mei-dji*, ou du gouvernement clair. On y voit que les recettes prévues sont estimées, pour l'exercice 1876-77 (du 1er juillet d'une année au 1er juillet de l'autre), à la somme de 324,427,000 francs, dont environ les huit dixièmes proviennent de l'impôt foncier, tandis que les dépenses sont fixées à 324,410,000 francs.

Armée; travaux publics. — Le douzième environ de cette dernière somme est consacré au payement de la dette publique, qui s'élevait alors à 766,962,000 francs, dont les travaux publics et la nouvelle organisation militaire ont absorbé la plus grosse partie. Le Japon, en effet, est très-jaloux de son indépendance politique : le cauchemar de l'Inde et de l'Égypte hante l'esprit de ses hommes d'État, et, sous le coup de cette obsession, ils se sont donné le double luxe d'une armée de 80,000 hommes et d'une flotte qui compte à cette heure cinq navires cuirassés, deux frégates et un certain nombre de chaloupes canonnières.

Mais cet appareil militaire coûte 52,000,000 par an, et les travaux publics, sous leurs formes diverses, en prennent 34 autres. Quelques-uns de ces travaux ont un caractère d'utilité incontestable : tels sont, par exemple, le grand arsenal d'Yososka, construit sur les plans d'un de nos compatriotes, M. l'ingénieur Verny ; le défrichement des plateaux septentrionaux de l'île d'Yéso, les phares qui éclairent les côtes du Japon et les passes si dangereuses de sa mer intérieure. Mais c'était folie, dans un pays qui manque presque partout de routes carrossables, que de dépenser 25,000,000 pour la construction de 56 kilomètres ferrés entre Yedo et Yokohama, ou bien entre Kobé et Osaka ; folie que de jeter une prétendue capitale, dans Yéso, au milieu d'un terrain constamment détrempé par la pluie, quand il n'est pas recouvert de neige ; folie enfin que de fonder dans le voisinage d'Hakodadé une ferme-école qui ne produit pas de quoi nourrir ses chevaux, et de faire de l'État un fabricant de papier, un maître de forges, un entrepreneur de bâtisses.

COMMERCE ET INDUSTRIE. — Le commerce du Japon n'est pas considérable : une moyenne annuelle de 125,000,000 pour l'importation et de 105,000,000 pour l'exportation, voilà son bilan. Aussi bien ce peuple ne paraît-il pas doué du génie commercial : il entend le trafic d'une façon étroite ; il le pratique d'une façon peu scrupuleuse, et d'ailleurs, ses thés, ses soies et ses riz mis à part, les grands articles d'exportation lui manquent. Il est vrai que ceux dont il dispose sont susceptibles d'un grand développement, de même que le chanvre, le coton, le tabac, dont les récoltes restent insignifiantes. Il y a dans ce pays 28,000,000 d'hectares de terres en friche et qui appellent la culture. Par malheur, pour que les Japonais exploitassent d'eux-mêmes leurs richesses latentes, il leur faudrait un capital accumulé qui leur manque et aussi une énergie soutenue, une ardeur au travail qu'ils ne manifestent guère. Assurément, le colon américain et le capitaliste anglais se mettraient volontiers à leur place : il suffirait pour cela de les y convier, de leur donner des sûretés personnelles et commerciales, de les laisser maîtres des entreprises qu'ils commanditeraient, des œuvres auxquelles ils présideraient en personne. Mais c'est une conduite à laquelle le gouvernement japonais se résignera difficilement tant que, assiégé des terreurs qu'on a déjà dites, il continuera d'entre-bâiller seulement une porte qu'il serait sage d'ouvrir toute grande.

On a beaucoup parlé des richesses minérales du Japon, et certainement il y existe de nombreux gîtes d'argent et de cuivre particulièrement. Seulement on n'est pas bien édifié sur la valeur de ces dépôts ;

toutefois, selon un travail dû à M. Plumkett, ancien secrétaire de la légation britannique à Yédo, le pays ne serait point appelé à prendre un rang élevé parmi les régions métallifères. L'île de Takasima, à l'embouchure du port de Nagasaki, est composée d'immenses couches de charbon de terre; elles sont même exploitées d'une façon assez régulière et assez scientifique, contrairement à la coutume du pays qui consiste à égratigner seulement le sol. La houille se montre d'ailleurs sur beaucoup d'autres points de l'archipel, et il a été question autrefois de gisements dont l'aire égalerait celle du bassin houiller de la Grande-Bretagne. C'était beaucoup dire, et l'assertion n'a point été confirmée, que nous sachions.

L'artisan japonais est doué d'une prompte intelligence, et telle est son adresse innée que, longtemps avant l'apparition des steamers européens ou américains, les mécaniciens indigènes, sur de simples dessins venus de Hollande, avaient installé à bord d'une jonque une machine tubulaire qui vraiment ne fonctionnait pas trop mal. Ce fut vers la même époque que le gouvernement néerlandais ayant fait don au Mikado d'un type de moulin à vent qui procurait par le pressurage l'huile de certains végétaux, ce digne prince refusa le présent par le motif *qu'il ne fallait point porter atteinte à l'industrie des produits manuels*. Ajoutons tout de suite que la *saine* économie politique de leur souverain n'empêchait pas les Japonais de se servir de roues à auget pour moudre leurs farines, de moulins à pilon pour broyer leur tan, et qu'en 1867, les cinq cents tonneaux de leurs produits qu'ils envoyèrent à Paris, ont fourni une preuve irrécusable de leurs aptitudes industrielles. Cinq ans plus tard, à propos de l'Exposition viennoise, ils eurent l'idée de grouper chez eux-mêmes les spécimens de leurs diverses industries; cette exhibition eut lieu à Kioto, l'ancienne capitale du royaume. On y remarquait des soieries aux couleurs les plus riches et aux dessins les plus variés, des peaux de daims, de loups, de veaux marins, une panoplie d'armures en cuir, en écorce ou en métal, dont l'une avait été celle d'une héroïne, la Jeanne Darc de son pays; des bronzes, des laques, des ivoires, sculptés, des boîtes à thé curieusement décorées, etc.

Ces produits et d'autres encore se retrouveront au palais du Champ-de-Mars, et nous nous en occuperons alors. En attendant, jetons un rapide coup d'œil sur les annales de ce peuple original et si intéressant à divers titres, et décrivons aussi, à grands traits, le sol qu'il habite.

PREMIÈRE PARTIE

LE JAPON

I. APERÇU GÉNÉRAL DE L'HISTOIRE DU JAPON
II. DESCRIPTION GÉOGRAPHIQUE DU JAPON

APERÇU GÉNÉRAL

DE L'HISTOIRE DU JAPON

Un pays fermé depuis des siècles, plus hermétiquement que la Chine elle-même, à tout contact européen vit, il y a dix ans, un bien singulier spectacle. Le jeune souverain du Japon, alors âgé de dix-sept ans, se rendit au sein de son Conseil d'État : là, entouré de la plupart des auteurs de la révolution qui venait de le rétablir dans la plénitude de son pouvoir, en le soustrayant au joug de ces chefs militaires dont la charge s'était transformée en une *mairie du palais* véritable, Mutsu-Hito prit l'engagement solennel d'abolir les vieilles coutumes barbares, de distribuer une justice impartiale, de gouverner désormais d'accord avec l'opinion publique et avec le concours des citoyens les plus éclairés.

Pour mieux marquer son éclatante rupture avec le passé, le jeune Mikado, abandonnant le séjour de Kioto, où ses ancêtres avaient vécu dans le silence de la tombe, vint, l'année suivante, se fixer à Yédo, à proximité d'Yokohama, résidence des ambassadeurs étrangers ; et, comme pour inculquer par un signe visible le sentiment de la situation nouvelle, un décret avait interdit aux populations qui se pressaient autour de son cortége, le long des routes et des villages, de se prosterner, suivant le rite immémorial, devant le passage du « Fils du soleil ». Certes, la transformation paraissait merveilleuse. Ces six ports ouverts au commerce européen, alors que depuis le milieu du XVIIe siècle ce commerce était le monopole d'une factorerie hollandaise, confinée sur un îlot, prison plutôt que comptoir ; le sifflet de la locomotive éveillant les échos de cette baie et de cette route d'Yédo qu'on appelait, il y a peu d'années encore, le tombeau des Barbares occidentaux ; le télégraphe électrique reliant le Japon à l'Europe et les mettant à cinquante heures l'un de l'autre, tout cela remuait l'esprit et le saisissait ; tout cela avait un air de grandeur et d'imprévu qui prêtait à l'enthousiasme.

Il éclate dans le livre où M. Samuel Mossman racontait, il y trois ans, la révolution japonaise et voyait, dans son excitation, la *Terre du soleil levant* prendre d'assaut dans le monde civilisé une position que les nations les plus avancées ont mis des siècles à conquérir[1]. A vrai dire, cette excitation était communicative,

---

1. *New Japan, the Land of rising sun* : its annals during thes the last twenty years (*Le nouveau Japon, la Terre du soleil levant* : ses annales pendant ces derniers vingt ans).

et, pour se défendre de la partager, il fallait faire appel à une raison froide et à une critique défiante; il fallait se demander s'il était possible de biffer d'un trait de plume des habitudes séculaires et s'il suffisait d'un décret pour changer un régime de caste en un état de choses démocratique et industriel. Un Français qui a vécu quatre années au Japon, où il exerçait des fonctions officielles, qui a vu de près les hommes et les choses de ce pays, s'est mis en face de ce problème, et ce n'est point sans anxiété qu'il s'interroge sur les chances d'avenir du Japon, sur le destin promis en apparence à son évolution aussi soudaine qu'extraornaire. Sur cet avenir, M. Georges Bousquet discerne des points noirs, et le parcours de cette voie nouvelle lui paraît hérissé d'obstacles; il ne doute pas du dévouement au bien public des hommes qui gouvernent l'État à cette heure; leurs lumières ne lui semblent pas contestables. Mais ils lui paraissent s'user dans une lutte perpétuelle contre des alliés compromettants ou perfides, et, menacés comme ils le sont incessamment d'une révolution qui rétablirait un *Shogun* et renverrait le Mikado à son triste palais de Kioto, il craint que leurs talents et leur énergie ne se consument dans un travail de Sisyphe [1].

Ce mot de *Shogun* et l'idée qu'il exprime ont besoin d'une explication. Une erreur accréditée par Kaempfer, dont le livre reste d'ailleurs une des meilleures sour-

1. *Le Japon de nos jours et les échelles de l'extrême Orient.*

ces d'information sur le vieux Japon[1], avait fait croire en Europe à l'existence de deux pouvoirs parallèles au Japon, un souverain temporel appelé Shogun et un souverain spirituel appelé Mikado. La vérité est que les traditions locales montrent le Mikado comme réunissant, dès l'origine même de sa puissance, le pontificat, l'autorité civile, le commandement militaire. Seulement vers la fin du XIIe siècle de notre ère, les révoltes d'une aristocratie puissante, qui rappelait à certains égards le baronnage anglais sous les premiers Plantagenets, vinrent affaiblir le pouvoir du Mikado et le transporter de fait au Shogun. Ce personnage n'avait été jusque-là que le général en chef de l'armée, mais les circonstances lui avaient peu à peu conféré un rôle semblable à celui d'un Eutrope sous le Bas-Empire, ou d'un Pepin d'Héristal à notre époque carlovingienne. Le pouvoir de droit continua de résider à Kioto, tandis que le pouvoir de fait s'installait à Yédo, et ce fut en réalité avec le Shogun, regardé par lui comme le souverain temporel, que lord Elgin conclut son traité de 1858.

Selon la tradition locale, qui en fait un descendant direct « de la déesse du soleil, » ç'aurait été un nommé Jin-mu qui, déshérité par son père, l'empereur de Chine, serait venu aborder vers l'an 660 de l'ancienne ère aux rivages japonais. Les chroniques chinoises mentionnent le fait ; mais, il s'est mêlé tant

1. *Histoire naturelle, civile, ecclésiastique du Japon.* (Trad. française ; La Haye, 1727.)

de détails légendaires à l'histoire de ce prétendu fondateur de l'empire japonais qu'il est bien permis de n'accepter qu'à moitié sa réalité historique. Quoi qu'il en soit, ce Jin-mu, s'il a vraiment régné, sert de trait d'union entre deux époques sur la première desquelles on ne possède que des données fort vagues, mais qui permettent de nous représenter l'état primitif des Japonais. Ils se groupaient sur les points qui leur offraient l'emplacement le plus commode et la nourriture la plus abondante; ils vivaient dans des antres creusés sous la terre et dans des huttes en branchages ; ils se vêtaient de feuillages d'arbres ou de certains tissus ligneux. L'écriture leur était inconnue : ils conservaient leurs annales au moyen de cordelettes ou de bois incisés d'une certaine manière, rappelant les *quipos* péruviens ou d'autres procédés analogues à l'usage des Chinois et des Tibétains. Les anciens étaient les dépositaires de ces annales et, comme chez la plupart des peuplades primitives, ils exerçaient à la fois le pouvoir politique et le pouvoir religieux.

Ces aborigènes — *Ebisû, Yessos, Ainos* — se maintenaient encore, au commencement de notre ère, dans les montagnes qui couvrent la partie septentrionale du Hondo ; puis, franchissant le détroit de Tsungar, ils se réfugièrent dans l'île d'Yéso, où leurs derniers représentants sont aujourd'hui en voie de s'éteindre. Ce fut pour protéger contre leurs perpétuelles incursions les colonies fondées par les nouveaux venus, Chinois ou Malais, que Sujin, dixième

Mikado, divisa le pays entre quatre grands commandements militaires, à la tête desquels il plaça un *shogun* ou généralissime (97-30 avant J.-C.). Telle est l'origine de cette charge destinée à jouer un si grand rôle dans l'histoire du Japon, de même que cet état de perpétuelle hostilité entre les anciens et les nouveaux occupants du sol explique pourquoi les Japonais diffèrent de leurs voisins asiatiques par une humeur très-belliqueuse.

La lutte avec les Aïnos et des guerres intestines suffirent assez longtemps à satisfaire cette humeur; au IIIe siècle de notre ère, elle commença de s'épancher au dehors par une première expédition, qui eut la Corée pour objectif et que l'impératrice Zingu-Kogo, « sur le conseil des dieux », conduisit en personne. L'expédition réussit pleinement, et les Coréens se virent contraints de payer un tribut à leurs voisins insulaires. Mais, plus civilisés que ceux-ci, ils ne tardèrent pas à prendre leur revanche, en initiant le Japon à leurs propres industries et en lui communiquant leurs connaissances. Quelques indices ont fait même supposer qu'ils y introduisirent leur écriture, qui se compose de voyelles et de consonnes figurées individuellement, en d'autres termes, qui est alphabétique. Mais il se serait alors passé au Japon un phénomène assez singulier : la substitution d'une écriture compliquée à une écriture simple, car les signes que les Japonais emploient aujourd'hui sont figuratifs, comme les caractères chinois dont ils dérivent, et s'écrivent également de haut en bas, en colonnes parallèles et en commençant par la droite.

On rapporte à la fin du IIIe ou au commencement du IVe siècle de notre ère l'adoption par les Japonais du système graphique de la Chine. A cette époque, un érudit coréen, du nom de Wang-yen ou Vani, vint à la cour des Mikados : il apportait un grand nombre de livres chinois, parmi lesquels ceux de Confucius, dont la doctrine conquit à la longue quelques prosélytes, mais ne put rien contre le culte populaire des *kamis* ou génies qui, sous le nom de *Shin-To*, — la voie des dieux, — fut le culte primitif et national des Japonais. Le bouddhisme fut plus heureux : importé à Kioto, en l'an 552, par un prince coréen, il rencontra tout d'abord une opposition très-vigoureuse ; il fut même un moment où ses antagonistes obtinrent la liberté de brûler les temples qu'il possédait déjà et de jeter à l'eau ses idoles. Mais la doctrine étrangère trouva un fervent apôtre dans un personnage nommé Sho-Tokio-Taishi, qui consacra sa vie entière à la propagande du bouddhisme et qui eut la satisfaction de le voir en pleine prospérité avant sa mort (624).

Avec le VIIe siècle s'ouvre le moyen âge japonais. La nation se développe ; elle prend un corps, et ses divers éléments, au lieu de se fondre les uns dans les autres, accentuent leur séparation et s'encadrent dans des divisions systématiques dont l'idée est empruntée à la Chine. C'est alors que le paysan, le *samurai*, ou guerrier à la solde des grands, le *kugé*, ou noble de cour, forment autant de classes distinctes et que surgissent les familles de hauts dignitaires et d'aristocrates, les Taïra, les Minamoto, les Fudgiwara qui vont se disputer les grandes charges de l'Empire et l'ensanglanter de leurs querelles. A la fin du VIIIe siècle, la dernière de ces maisons avait acquis un ascendant que M. Bousquet compare à celui des Armagnac sous Charles VI. Ses membres, ou ses créatures, garnissaient toutes les places ; seule, elle fournissait des épouses aux Mikados, et son chef fit créer pour lui, en 888, l'office de *kwambaku* (gardien des verrous intérieurs), qui devint bientôt héréditaire parmi les siens et qui lui conférait tout le pouvoir d'un vice-empereur et, à l'occasion, toute l'autorité d'un régent.

De même que les Fudgiwara occupaient les hautes positions civiles, les Taïra et les Minamoto se partageaient les grands emplois militaires. La rivalité de ces deux dernières familles, aussi acharnées l'une contre l'autre que les Guelfes et les Gibelins, a rempli les annales japonaises de meurtres, de trahisons, de guets-apens, de merveilleux faits d'armes dont le roman local s'est emparé heureusement, mais dont la complication fait le désespoir de l'historien. Elle sembla terminée par la capture du dernier des Minamoto, le jeune Yoritomo, qui tomba entre les mains de ses ennemis ; mais, sauvé du supplice par les prières d'une femme, il grandit parmi les Taïra, pour venger sur eux les malheurs de sa race et les exterminer dans un combat naval. Leurs débris cherchèrent un refuge dans les montagnes de Kiousiou, où quelques centaines de leurs descendants existent encore à Samonosaki, tandis que le vainqueur allait s'établir à Kamakura pour y fonder une capitale rivale de Kioto et qui devint le centre des forces militaires du Nord. En principe, le Shogun de Kamakura continua d'exercer son autorité au nom du Mikado; en fait, sous le titre de vassal et de lieutenant général, il fut le maître du pays (1192).

La postérité d'Yoritomo eut la chance de repousser la grande attaque que Kubilaï-Khan dirigea contre le Japon. Cent mille Tartares et sept mille Coréens, armés des catapultes et des armes de trait que Marco Polo, alors leur hôte, leur avait appris à fabriquer, se détachèrent des côtes coréennes. Ils s'apprêtaient à débarquer et à remporter une facile victoire, lorsque, fort heureusement pour les Japonais, il s'éleva un de ces violents ouragans qui, sous le nom de typhons, visitent d'une façon régulière les côtes de l'archipel. Il dispersa la flotte ennemie, brisa ou engloutit ses vaisseaux, dont trois seulement purent regagner la Chine et aller apprendre à Kubilaï-Khan le désastre de son armement. Depuis lors, les Chinois ont renoncé à exiger un tribut des Japonais et les ont laissés tranquilles (1280).

Les successeurs d'Yoritomo se maintinrent au pouvoir jusqu'en 1333, année où les Japonais, las de leur insupportable joug, les renversèrent. Le Mikado tenta, à ce moment, un effort pour recouvrer la plénitude de son autorité et se soustraire au joug de ses grands vassaux. Cet effort n'aboutit qu'à le faire changer de maîtres, et il ne fut pas moins asservi sous les nouveaux qu'il ne l'avait été sous les anciens. L'avénement au shogunat de la puissante famille des Ashikaga fut le signal, pour le Japon, d'une période de troubles civils, qui se prolongea pendant près de deux siècles et qui le couvrit de sang et de ruines. Tous les liens politiques ou sociaux se détendent : les Mikados tombent presque dans la mendicité; les Shoguns eux-mêmes ne gardent qu'une autorité nominale, et ce sont les chefs de clans et leurs Samuraï qui régissent tout, exploitent tout, s'emparent de tout; toute culture intellectuelle s'éteint même au sein des monastères bouddhistes, siéges jadis d'écoles florissantes, maintenant transformés en repaires de bandits et en asiles de criminels.

Il était réservé à Nabunoga, qui s'empara, en 1573, de la direction des affaires, sous le titre officiel de « grand ministre de l'intérieur », de terminer cette phase désastreuse. S'inspirant du conseil des jésuites, qui déjà s'étaient montrés dans l'archipel, Nabunoga déclare la guerre au bouddhisme, brûle ses temples et saccage ses monastères. Il réduit en même temps à l'obéissance la plupart des grands feudataires et n'est arrêté dans l'exécution complète de ses vastes plans unitaires que par la mort prématurée qu'il reçoit de la main d'un de ses propres officiers. Ces plans toutefois ne périrent point avec lui; ils trouvèrent, au contraire, un continuateur aussi habile qu'énergique dans la personne de Hidéyoshi, son successeur. Celui-ci avait débuté par être le palefrenier de Nabunoga, pour devenir ensuite l'un de ses généraux, et, s'il paya son bienfaiteur d'une noire ingratitude en supplantant ses fils et en réduisant même l'un d'eux, qu'il assiégeait, à s'ouvrir le ventre, il déploya du moins les talents d'un grand politique et d'un souverain aussi avisé qu'équitable dans l'exercice d'un pouvoir aussi mal acquis.

Hidéyoshi, plus connu sous le nom posthume de Taïko-Sama, fit commencer de grands travaux à Osaka et à Kioto; il encouragea l'agriculture et, pour porter au dehors l'ardeur turbulente de ses sujets, qui se dépensait depuis tant d'années en luttes intestines, il les lança dans une guerre contre les Coréens, dont le motif apparent fut la cessation de payement du tribut qu'ils devaient au Japon, et le motif réel, le désir de débarrasser le pays de ses éléments perturbateurs. 80,000 Japonais débarquèrent donc dans la presqu'île de Corée, qu'ils ravagèrent d'un bout à l'autre, et ils s'apprêtaient à envahir la Chine, lorsque la mort de Hidéyoshi vint arrêter leur marche (1598). L'armée expéditionnaire, rappelée avant d'avoir achevé ses conquêtes, se retira de la Corée, non sans lui avoir imposé un nouveau tribut, qui, après avoir été longtemps acquitté, cessa de nouveau de l'être. Violemment exigé en 1872, il a été définitivement abandonné aux termes d'un traité formel passé quatre ans plus tard.

Hidéyoshi laissait un petit-fils en bas âge, marié d'avance à la petite-fille de l'un de ses lieutenants, nommé Yeyas. Homme d'une puissante volonté et de faibles scrupules, se rattachant à l'antique souche des Minamoto, et par elle à la race des Mikados, Yeyas réussit sans peine à se rallier l'élément militaire, et défit dans deux grandes batailles les partisans du jeune Hidéyoshi, dont personne n'entendit plus parler et qui périt probablement dans l'incendie de la forteresse d'Osaka où, après sa double défaite, il avait cherché un refuge. En 1603, le Mikado investit le vainqueur du shogunat, dont le titre devint héréditaire dans sa famille, et, pendant treize années, Yeyas fut le maître absolu du Japon, sous l'apparence d'un simple grand vassal de l'empereur. Il transporta sa cour à Yédo, qui n'était en 1590 qu'un pauvre village, et y fit construire, par 300,000 ouvriers, le *Siro* ou forteresse, qu'on y voit encore, ainsi que les canaux dont la ville est sillonnée. Il continua le système de Hidéyoshi, à l'endroit des travaux publics; il restaura les autels du bouddhisme, et s'il persécuta le christianisme, ce ne fut point par passion religieuse, à ce qu'assure Kaempfer, mais par des motifs purement politiques. Pour une cause ou pour une autre, la religion chrétienne était devenue le lien politique des feudataires en lutte avec le pouvoir central que Taïko=

Sama et ses successeurs s'efforçaient de concentrer dans leurs mains. Elle menaçait de devenir un État dans l'État, et l'idée d'un pape étranger révoltait un peuple habitué à voir un grand pontife dans son propre souverain. Le clergé bouddhiste, menacé dans ses intérêts les plus chers et parfois dépouillé de ses biens à l'instigation des jésuites, ne manqua pas d'exploiter ces sentiments, et, à une heure donnée, il fut assez puissant pour soulever la tempête que nous raconterons tout à l'heure, et où le christianisme japonais devait sombrer [1].

Yeyas mourut en 1616, laissant, sous le nom de *cent lois* et sous la forme d'un testament politique, une constitution qui ne fut pas, il est vrai, promulguée, qui fut même soigneusement soustraite aux regards du profane, mais qui n'en a pas moins régi autocratiquement le Japon pendant un laps de deux cent cinquante années. La préoccupation d'isoler les *daïmios*, ou grands seigneurs, les uns des autres, et de rendre leurs ligues impossibles s'y lit à chaque ligne, pour ainsi dire; mais en même temps, et faute de pouvoir les briser peut-être, les *cent lois* tracent d'une façon rigoureuse les devoirs du *bayshin* ou vassal envers son chef de clan et régularisent leurs relations réciproques. Cette petite aristocratie, qui dépendait des daïmios et était leur pensionnaire, reçoit d'importants priviléges : le samurai peut porter deux

---

1. *Le Japon de nos jours*, chap. xiv.

sabres, ne payer en voyage que ce qu'il veut, entretenir, comme le prince, une concubine à côté de sa femme légitime, trancher sur le coup la tête du manant qui lui manque de respect. Ces manants, ce sont les agriculteurs, les artisans, les marchands, en un mot, le gros de la nation, le peuple, que les *cent lois* appellent bien la base de l'empire, mais à qui elles ne concèdent pas le moindre droit propre, le moindre moyen direct de se faire rendre justice. Elles se contentent de prescrire aux nobles d'être bienveillants et doux pour lui, de le protéger, de même qu'elles enjoignent au gouvernement d'avoir à son égard des *yeux de mère*, de lui fournir des vivres à bon marché et de réprimer l'accaparement de ces vivres. Mais ces conseils sont dépourvus de sanction effective : ces lois, si elles *invitent* le gouvernement et l'aristocratie à ne rien ordonner que de juste, *enjoignent* au manant d'obéir sans conditions, sans délais, sans phrases.

Les successeurs de Yeyas, son fils Hidédata et son petit-fils Yémits, continuèrent sa politique et en tirèrent les dernières conséquences par l'extermination en masse des chrétiens et par l'expulsion définitive des étrangers.

Le premier de ces actes avait eu pour prélude l'ordre donné aux jésuites, dès l'année 1587, c'est-à-dire sous le règne de Taïco-Sama, de quitter immédiatement l'empire, et la dispersion des deux cents chrétientés qu'ils y avaient fondées. A dater de ce moment, la persécution ne cessa de sévir, acharnée, infatigable, atroce. Des daïmios avaient embrassé la foi chrétienne, on les força de l'abjurer; des dames de haut rang s'y étaient converties, on les exila; de pauvres gens continuaient de la pratiquer dans l'obscurité de leurs demeures, on les épia, on confisqua leurs biens, on les transporta, on leur coupa la tête. Le zèle des persécuteurs redoublait avec la constance des persécutés, de telle sorte qu'au bout d'une cinquantaine d'années, le nombre des chrétiens, qui était de 150,000, se trouva réduit presque des quatre cinquièmes. Les survivants allèrent chercher un refuge sur les côtes du Fizen et s'y installèrent dans les lignes de Simabara, bien résolus à s'y défendre jusqu'à la dernière extrémité. Ils y tinrent bon pendant trois mois; mais, le 28 avril 1638, les lignes furent emportées d'assaut par les troupes japonaises, et leurs défenseurs, au nombre de 37,000, passés tous au fil de l'épée.

Les Hollandais avaient prêté le secours de leurs canons aux assiégeants de Simabara, dans l'espoir sans doute d'écarter, par cet acte de lâche complaisance, la menace qui planait sur leurs florissantes factories de Fikoto et de Firando. Cet espoir fut rapidement déçu : deux ans s'étaient écoulés à peine qu'un envoyé du Shogun arrivait à Firando et, après avoir visité l'établissement dans tous ses détails, signifiait à François Caron, son chef, l'ordre de le faire immédiatement démolir (9 novembre 1640). Caron était d'un tempérament fier, et le bon accueil qu'il avait reçu lors de sa dernière visite à Yédo, qui avait eu lieu l'année précédente, ne l'avait nullement préparé à ce coup de foudre : il eut le bon sens néanmoins de se souvenir de la réponse qui avait sauvé la vie des Portugais, lors de leur expulsion encore toute récente, et de ne rien répliquer à l'envoyé du Shogun, si ce n'est que « les ordres de Sa Majesté impériale seraient immédiatement exécutés. » Il tint parole, et de ces bâtiments élevés à si grands frais, il ne resta plus bientôt qu'un amas de ruines.

Les Hollandais échappèrent néanmoins au bannissement absolu qui avait frappé les Portugais : ils gardèrent un pied-à-terre dans l'archipel; seulement, ce ne fut qu'un petit îlot artificiel, situé en face du port de Nagasaki, dans l'île Kiousiou, long de 600 pieds et large de 250. Un pont le réunissait au rivage, et à son extrémité, de ce côté, il y avait un corps de garde et des sentinelles toujours en faction; une haute muraille, dont le sommet était hérissé de pointes de fer, interceptait toute vue entre l'îlot et la ville, tandis que les barques japonaises ne pouvaient approcher du comptoir hollandais qu'à une certaine distance, marquée par un rang de pilotis. Deux écluses s'ouvraient pour livrer passage aux navires hollandais qui entraient, et se refermaient aussitôt derrière eux. En un mot, Desima [1] était une prison et

---

1. Littéralement l'avant-île, des deux mots *De*, avant, et *Sima*, qui est le nom commun des îles en japonais.

une prison sévèrement gardée. Les Chinois, qui partagèrent avec les Hollandais le privilége de conserver quelques rapports avec le Japon, furent moins maltraités. Leur factorerie était située dans la ville même de Nagasaki ; elle était bien entourée d'une muraille, mais ils étaient libres de la franchir de nuit comme de jour ; il leur était loisible de circuler en toute liberté dans les rues, et aucune entrave n'était apportée à leur petit trafic.

L'installation des Hollandais à Desima date de 1641, et, durant les deux cent onze ans qui suivirent, le Japon resta entièrement fermé au contact du reste du monde. C'est en vain qu'au XVIe et au XVIIe siècle, tout entreprenants et si peu scrupuleux qu'ils fussent alors, les Anglais tentèrent de s'établir sur les côtes japonaises. Tous leurs efforts demeurèrent stériles, et la Chambre des communes entendit, en 1792, l'un de ses membres, qui n'avait pas lu sans doute la fable du bon La Fontaine, déclarer sans rire « que le trafic avec le Japon ne pouvait offrir aucun intérêt au commerce anglais. » Pendant les longues guerres de la République et de l'Empire, nos rivaux, qui s'étaient emparés de Ceylan et de Java, voulurent également s'approprier Désima, d'une façon pacifique d'ailleurs et en vertu, prétendaient-ils, de la capitulation par laquelle le général Janssen leur avait livré Java et ses dépendances. Sir Stamford Raffles, qui gouvernait cette île en leur nom, envoya donc à Desima, comme *opperhoofd* (président de la factorerie), un

Hollandais, M. Cassa, rallié au gouvernement britannique ; mais Mynheer Doeff, le président en fonctions, refusa de reconnaître la validité du titre de son successeur, et, intéressant à son patriotisme les défiances japonaises, réussit à éconduire les sujets de S. M. George III.

Le moment approchait néanmoins où ce long isolement allait finir. Jusqu'aux premiers démêlés de l'Angleterre avec la Chine et l'ouverture de ce grand empire au commerce étranger, les choses suivirent leur ancien cours ; mais, en 1844, le roi des Pays-Bas, Guillaume II, se fit près du Shogun l'interprète du désir, qui commençait de se faire jour dans les conseils des grandes puissances européennes, que le Japon abandonnât sa vieille et jalouse politique. La tentative n'eut d'ailleurs aucun succès ; elle sembla même redoubler les méfiances qu'elle avait pour objet de dissiper, et le commodore Biddle, qui, deux ans plus tard, mouilla avec ses deux bâtiments, le *Colombus* et le *Vincennes*, dans la baie d'Yédo, ne réussit point davantage à nouer des relations commerciales entre la grande république nord-américaine et l'empire Japonais. Par une coïncidence singulière, mais tout à fait accidentelle, la veille même du jour où le commodore Biddle appareillait de la rade d'Yédo, le contre-amiral français Cécille relâchait, avec la *Cléopâtre* et une autre frégate, dans celle de Nagasaki. Nous ne savons si, en agissant de la sorte, cet officier obéissait à des instructions générales, ou bien s'il se décida de sa seule initiative à cette démarche, dans le dessein, comme le dit le *Journal des Débats* du 5 janvier 1847, de montrer à la cour d'Yédo que la France « possédait aussi « de grands navires de guerre, montés par des marins « aguerris qui savaient faire respecter les droits de « leur pays et les intérêts de leurs concitoyens. » Toujours est-il que l'amiral Cécille était sans qualité aucune pour ouvrir des négociations ; il n'y songea même point, et il quittait la baie de Nagasaki quarante-huit heures après y être entré.

Vers 1852, la question de savoir si le Japon avait bien le droit de se séquestrer ainsi du restant du monde, s'il ne convenait pas de le contraindre, même de vive force, à rentrer dans le concert des nations, cette question se posa plus nettement et reçut une solution brusque. Le cabinet de Washington, inquiet de certains procédés de la Russie et lui prêtant même le projet de mettre la main sur tout l'archipel, résolut de prévenir ces desseins et décida l'envoi dans les eaux japonaises d'une escadre américaine. Au mois de novembre 1852, le commodore Perry mit à la voile : le 8 juillet suivant, il mouillait avec les frégates à vapeur *Susquehannah* et *Mississipi*, ainsi que les sloops *Saratoga* et *Plymouth*, dans la baie d'Yédo, en face de la ville, et, le 17, il remettait à un envoyé japonais le message dans lequel le président Fillmore sollicitait un traité d'amitié et de commerce entre le Japon et les Etats-Unis. Pressé de regagner les mers de la Chine, où l'appelaient les intérêts de ses nationaux, le commodore Perry n'attendit pas l'issue de cette négociation ; mais, le 13 février 1854, il était de retour dans les eaux d'Yédo, à la tête cette fois d'une escadre de neuf bâtiments.

Il apportait de nombreux présents au Shogun, entre autres un télégraphe électrique et une locomotive qui faisait à l'heure de soixante à soixante-dix fois le tour de rails circulaires. Ces deux appareils fonctionnèrent sur le rivage, à la grande satisfaction des Japonais et à leur vif amusement. Le commodore donna également, à bord de la *Susquehannah*, un dîner officiel aux autorités d'Yédo. Elles y firent grand honneur au champagne comme au punch, et se retirèrent, emportant dans leurs poches, selon la coutume locale, les reliefs du festin. Enfin, le 31 mars 1854, M. Perry signa le traité dit de Kanagava, qui ouvrait au commerce américain les deux ports de Simoda et de Hakodadé et qui permettait aux Etats-Unis d'y entretenir des consuls.

Ce traité est devenu le modèle de ceux que la Russie d'abord, puis l'Angleterre et la France ont successivement passés avec le Japon. Le traité russe porte la date de 1855 et la signature de l'amiral Poutiatine. Les envoyés japonais mirent à le conclure une répugnance visible, se souvenant peut-être, malgré sa date déjà vieille, du coup de main des capitaines Chwostoff et Tawidoff, sur les Kouriles du Sud (1806). Quoi qu'il en soit, le gouvernement japonais s'était déjà fixé, à l'époque du traité russe, sur sa conduite ultérieure, et il avait décidé de passer des instruments analogues avec celles des autres nations qui s'en montreraient soucieuses. L'Angleterre et la France négocièrent les leurs en 1858, par l'entremise, l'une de lord Elgin, l'autre du baron Gros. Le Shogun venait de mourir, et le choléra sévissait cruellement à Yédo, lorsque la corvette à vapeur *le Laplace* vint mouiller devant la ville. Les autorités japonaises firent de leur mieux pour convaincre notre ambassade que le moment n'était pas propice et qu'elle devait s'éloigner ; mais le baron Gros tint bon. En dépit de toutes les représentations, il descendit à Yédo, et *le Laplace* ne reprit la mer que porteur d'un traité de commerce dont le texte fut rédigé en trois langues, le français, l'anglais et le hollandais.

Deux ans plus tard, c'était le tour de la Hollande et de la Prusse de conclure des conventions semblables. Cette abjuration solennelle des vieux errements n'était pas faite cependant pour plaire à tout le monde, et bientôt le cri de : « Mort aux Barbares ! » retentit dans le pays. Il n'était pas poussé, il est vrai, par la nation entière : au fond, toute cette agitation n'était l'œuvre que de gens sans aveu, les *ronin*, c'est-à-dire les samuraï dégradés et chassés par leurs princes à la suite de quelque méfait ; mais, dans l'état anarchique du pays, elle ne laissait pas d'être fort inquiétante pour les étrangers. Les capitaines Voss et Decker hachés en morceaux dans la grande rue d'Yokahama ; deux officiers russes assassinés en plein jour, et deux marins de cette même nation massacrés sur le seuil même de la maison occupée par le colonel Neale, chargé d'affaires de Sa Majesté Britannique; le meurtre de M. Lennox Richardson; la légation américaine détruite par le feu; le sort funeste réservé à toute la légation britannique si, par bonheur, une escadre anglaise n'était venue en ce moment même mouiller sous les murs d'Yédo; tous ces faits, se succédant les uns aux autres dans le court intervalle de trois années, avaient une sinistre éloquence. Ils révélaient une situation pleine de périls et destinée, peut-être, à finir par un massacre général des étrangers, si les puissances signataires des traités ne se hâtaient de la résoudre.

Au mois d'avril 1863, une escadre, composée de 11 bâtiments anglais, de 2 hollandais et des navires français le *Dupleix* et *la Dordogne*, s'assemblait dans la baie d'Yédo et mettait le cap sur Yokohama, où se trouvait alors le Shogun. Elle allait lui signifier qu'il fallait faire cesser sur-le-champ un tel état de choses ou bien se préparer à la lutte contre les forces alliées. La réponse à cet *ultimatum* se fit néanmoins attendre; sous prétexte de s'entendre avec le Mikado, en réalité pour gagner du temps, le Shogun s'était transporté à Kioto, et il ne manquait pas dans le palais impérial de conseillers qui espéraient se tirer de ce mauvais pas par quelque nouvelle échappatoire. De son côté, le colonel Neale, peu désireux d'engager son gouvernement dans une guerre coûteuse, répugnait à un emploi immédiat des mesures extrêmes. Lassé enfin des tergiversations des diplomates japonais, de leurs perpétuelles équivoques et de leur mauvaise foi évidente, il dut laisser carte blanche au commandant en chef des forces anglaises, et le vice-amiral Kuper, après s'être concerté avec le contre-amiral français Jaurès, notifia sa résolution d'ouvrir des hostilités immédiates. En face de cette attitude énergique, le Shogun céda : il déplora les meurtres et les violences qui s'étaient commis, en rejetant leur responsabilité sur les conseillers occultes du Mikado, et, à titre de réparation, il fit verser une somme de 2,200,000 francs dans les caisses de la légation britannique.

Il y avait du vrai dans cette explication du Shogun : son pouvoir n'était plus qu'une ombre, et l'on avait conçu à Kioto le dessein de le discréditer par tous les moyens possibles, en attendant l'heure de le renverser complétement. Cette circonstance explique comment, pas même un mois après la soumission du Shogun, il arrivait que deux jonques attaquaient un steamer américain et que les batteries du littoral canonnaient des navires de guerre français ou hollandais. Ces derniers outrages furent d'ailleurs châtiés d'une façon exemplaire : la corvette américaine *Wyoming*, ainsi que les navires français la *Sémiramis* et le *Tancrède*, détruisirent les batteries qui défendent le détroit de Simonosaki, à l'entrée de la mer Intérieure, tandis que l'amiral Kuper bombardait la ville de Kagosima et son arsenal. L'année suivante, des troupes anglaises et des troupes françaises débarquaient : elles emportaient d'assaut les ouvrages de Nagato, et ce glorieux fait d'armes assura l'exécution loyale des traités, d'autant que l'heure allait sonner où le Mikado prendrait au corps cette puissance usurpée des Shoguns, qu'il avait dû se contenter jusqu'alors de contrarier en dessous et de combattre à la sourdine.

Les inspirateurs et les agents de cette révolution furent les daïmios. C'était de leurs rangs que le Shogun était sorti, pour devenir le premier d'entre eux, *primus inter pares*, quand l'empereur institua un généralissime de ses armées, et leur maître lorsque les Hidéyoshi et les Yeyas eurent confiné « le Fils du Soleil » dans la solitude de Kioto, mais un maître dont ils ne supportaient plus le joug qu'avec impatience et contre qui ils étaient prêts à se révolter. On le vit bien par la tentative, en 1864, de Chiusu, daïmio de Nagato, qui voulut s'emparer du Mikado pour le contraindre à déposer le Shogun. Chiusiu ne réussit point alors ; mais, deux ans plus tard, il prenait sa revanche, en battant les troupes du Shogun, et, lors de l'avénement de Stotsbachi, le quinzième et dernier de ces grands dignitaires, qui eut lieu le 6 janvier 1867, tout était prêt pour une lutte décisive. L'année ne s'était pas écoulée que Stotsbachi se démettait de sa charge et que les daïmios du Sud proclamaient l'abolition du Shogunat, ainsi que le rétablissement de l'autorité impériale sur la tête du jeune Mutsu-Hito. La révolution ainsi accomplie dans le palais, il ne restait plus qu'à l'accomplir dans le pays, ce qui nécessitait une guerre civile, les clans des provinces septentrionales n'étant pas d'humeur à subir passivement la suprématie des clans du Sud et s'étant rangés, en conséquence, sous la bannière du shogunat détruit.

La lutte fut courte, mais acharnée et sanglante. Le Shogun déchu, rassemblant toutes les forces qui lui étaient restées fidèles, alla tenter en rase campagne la fortune des armes. Ses troupes rencontrèrent celles du Mikado à Fushimi, ville située à quatre lieues de Kioto, et leur livrèrent une bataille qui dura trois jours entiers et qui, la trahison aidant, se termina par le triomphe complet des impériaux. Ce n'était toutefois que le premier acte de cette tragédie : elle se dénoua, comme par une singulière ironie du sort, dans le vaste cimetière qui est au nord d'Yédo et qui renferme les tombes des Shoguns décédés depuis le temps d'Yeyas, le fondateur de leur omnipotence. Ce dernier combat marqua la fin réelle de la lutte. Les daïmios du Nord essayèrent bien encore de la prolonger, en suscitant au jeune empereur un concurrent dans la personne de Mio-Sama, membre d'une des familles royales. Vaincus à Neegata, sur les bords de la mer Intérieure, et à Wakamatz, dans les montagnes centrales de Hondo, ils se virent frappés de fortes amendes, tandis qu'Idzu-

leur chef, avait ses biens confisqués et était condamné à une prison perpétuelle. Leurs débris se réfugièrent dans l'île d'Yéso, où ils continuèrent de guerroyer.

Le 25 novembre 1868, S. M. Mutsu-Hito fit son entrée solennelle dans Yédo, sa nouvelle capitale, qu'il baptisa du nom de Tokio, et peu après, une résolution qu'on peut bien qualifier de magnanime, si elle est exempte de toute arrière-pensée et ne recouvre aucun calcul d'ambition personnelle, venait consolider sa couronne. Les Saburo, les Chosiu, les Tusa et quelques autres grands daïmios, ceux-là mêmes qui avaient relevé le trône, résignaient volontairement leurs droits féodaux entre les mains du mikado. Il est vrai que toute l'aristocratie japonaise n'a pas suivi cet exemple et que les daïmios de rang secondaire se sont tenus à l'écart. Mais les adhérents de la politique centraliste se trouvent être de beaucoup les plus riches : on calcule qu'ils réunissent entre eux la moitié des revenus des chefs de clans, qu'on a évalués en bloc à la somme de 300,000,000 de francs. Certains grands feudataires jouissaient d'une fortune énorme, comme, par exemple, le prince de Satsuma, auquel une estimation officielle accorde un revenu annuel de 710,700 *cocoos* de riz, soit de 12,212,000 francs, et le chef du clan et de la famille Mayedda, dont les rentes atteignent au chiffre colossal de 19,360,000 francs.

La question est maintenant celle de savoir jusqu'à

quel point les sacrifices des grands daïmios ont été sincères, et, à cet égard, les opinions des hommes compétents, auxquelles nous nous garderons bien de substituer une appréciation personnelle, sont assez contradictoires. L'auteur de *New Japan* (le Nouveau Japon) n'éprouve, lui, aucun doute ; il loue le rare « désintéressement, la noble candeur » de ces grands seigneurs, qui ont accompli au Japon, d'un coup et par leur abnégation seule, une œuvre qui a été très-laborieuse en Europe et à laquelle il fallut, pour réussir, le double concours de la bourgeoisie et de la royauté. De même, l'auteur du *Japon de nos jours*, s'il s'effraye des difficultés de leur tâche, rend volontiers justice aux hommes d'État qui gouvernent le Japon à cette heure. Mais, parmi les Européens établis au Japon, il en est que leurs *correspondances* montrent fort sceptiques et très-enclins à considérer la nouvelle attitude des grands daïmios comme une manœuvre stratégique, conçue à la double fin d'annihiler la petite aristocratie et de concentrer dans les mains des plus riches et des plus puissants le pouvoir effectif de la royauté et le gouvernement du pays tout entier. Pour ceux-ci, le Mikado régnant n'est qu'un jeune homme sans valeur personnelle, auquel des ambitieux abandonnent volontiers les attributs extérieurs de la souveraineté, ses emblèmes et sa pompe, mais en gardant par devers eux l'usage réel de cette souveraineté et ses avantages substantiels.

Quoi qu'il en soit, le nouveau gouvernement du

Japon entra, dès ses débuts mêmes, dans la voie des réformes. Le premier soin du gouvernement fut de refondre l'armée : on lui donna un uniforme, emprunté partie aux troupes françaises, partie aux volontaires anglais, et l'on arma l'infanterie de fusils perfectionnés, des types Enfield, Snider, Chassepot, pour la majeure partie. Le service militaire fut déclaré obligatoire, et l'on institua une école militaire, sur le modèle de l'école de Westpoint, mais sous la direction d'officiers français, les capitaines Vieillard et Percin. Aussi bien, toute cette réorganisation a-t-elle été une besogne française, et, à en juger par l'aplomb des Japonais sous les armes, leur bonne tenue et leurs mouvements précis, elle fait le plus grand honneur aux lieutenants-colonels Marquerie et Munier, qui l'ont successivement dirigée. Quant à la marine, elle a aussi son école, confiée aux soins d'officiers anglais ; mais ces officiers ne sont point admis à commander les navires de l'État ; ils ne font pas faire à leurs élèves de vraies croisières, et cette sorte de défiance, jointe au manque de fonds qui n'a permis jusqu'ici de construire qu'un très-petit nombre de navires, laisse la marine du Japon dans une situation très-inférieure par rapport à son armée de terre.

La réorganisation militaire date de 1871, et cette même année vit l'inauguration de *l'hôtel des Monnaies* d'Osaka, bel édifice qui n'a pas coûté moins de 7,000,000 de francs. Elle donna lieu à une cérémonie très-pompeuse et très-intéressante, à laquelle prirent part, outre deux ministres d'État, les représentants de l'Angleterre, des États-Unis, de la France, de la Hollande et de la Prusse. Un nouveau système monétaire avait été préalablement substitué à l'ancien, dont rien n'égalait la complication et la confusion. Il ne comprenait pas moins d'une douzaine de types or, argent, cuivre, très-différents de forme, de module et d'alliage. La base du système actuel est le *yen* d'or, calqué sur le dollar américain, dont il représente presque identiquement la valeur, laquelle, comme on le sait, dépasse quelque peu la valeur de notre pièce de cinq francs. Le yen se subdivise, pour la monnaie fractionnaire, qui est d'argent, en pièces de 50, de 20, de 10 et de 5 *sen*, le sen valant la centième partie d'un yen, tandis que les pièces d'or sont au nombre de quatre, représentant successivement 1, 2, 5, et 20 yen.

Ce fut ensuite le tour du système postal. Autrefois, personne au Japon ne voyageait en voiture : le Mikado, dit-on, se faisait traîner par des bœufs ; les grands parfois montaient à cheval, mais le plus souvent ils se faisaient transporter en litière par des porteurs humains. Depuis quelques années, les Japonais riches ont remplacé leur vieille et incommode chaise à porteurs par des calèches faites en petit sur le modèle des nôtres; mais leur attelage n'a point changé. Ce sont des hommes qui traînent le nouveau véhicule, comme ils portaient l'ancien, et ce sont des hommes aussi qui transportent encore les dépêches et les lettres, se les transmettant les uns aux autres de relai en relai. Faute d'argent peut-être, ce mode primitif est resté en vigueur : seulement, les transmissions postales, qui n'étaient qu'hebdomadaires, et dont les prix paraissaient lourds même aux gens aisés, sont devenus quotidiennes, et le tarif des lettres s'est fort abaissé. M. Mossmann et l'abbé Marin vantent l'étonnante célérité des coureurs de la poste : elle leur permet de faire jusqu'à 160 et même 190 kilomètres par jour, sur une belle route et par un beau temps. Par malheur, tous les chemins sont loin d'être sûrs, et il est arrivé plus d'une fois aux Samuraï débandés d'assaillir les messagers et la poste et de les dévaliser. Aussi les étrangers et même les indigènes préfèrent-ils de beaucoup, pour communiquer de port à port, les steamers, qui se chargent à l'occasion des paquets de la poste.

En 1872, le Mikado visita les phares de son empire : ils étaient alors au nombre de quatorze et s'élevaient surtout sur le pourtour de la baie d'Yédo, sur les rivages de la mer Intérieure et le long de ces détroits ou de ces passes, d'une navigation si périlleuse, que les navires fréquentent dans leur route d'Yokohama à Nagasaki. Auparavant, Mutsu-Hito avait inauguré les dix-huit milles de voie ferrée qui relient Yokohama à Yédo et qui ont coûté l'énorme somme que l'on a dite. Déjà un fil télégraphique courait entre ces deux villes ; depuis, ces fils se sont ramifiés à l'intérieur, sur plusieurs centaines de milles, et, comme ils aboutissent au cable sous-marin qui rejoint Shanghaï, on peut dire à la lettre que la capitale japonaise et la métropole britannique se trouvent en communication permanente.

Dans leur zèle ardent de néophytes, les ministres n'avaient songé à rien moins qu'à une refonte complète, ou pour mieux dire, à une abrogation des vieilles lois civiles du pays. « Le Code Napoléon, dit « à ce propos M. Bousquet, leur apparaissait comme « la loi par excellence des peuples civilisés, et ils ne « voyaient guère d'autre conduite à suivre que de le « traduire et de le promulguer dans le plus bref « délai. » Appelé à inaugurer là-bas l'étude de notre législation, en compagnie de M. Boissonnade, professeur agrégé de la Faculté de Paris, M. Bousquet conseilla plus de lenteur. Il voulait que, avant de rien entreprendre de définitif, on fît une étude approfondie et parallèle de la législation coutumière du pays et des lois françaises. On l'écouta, et l'on s'en tint pour le moment à ce qu'il y avait de plus pressant à faire, c'est-à-dire à quelques réformes urgentes dans la procédure et les juridictions, à un essai de séparation entre le pouvoir judiciaire et le pouvoir administratif, à la régularisation enfin des actes de l'état civil. On édicta, en outre, quelques mesures qui satisfirent la morale publique, en diminuant la facilité du divorce et en rapportant les lois qui permettaient de faire des jeunes filles le plus honteux trafic.

M. Bousquet révèle à cet endroit un curieux détail : c'est que la jeune fille qui cédait à un séducteur *sans le consentement de ses parents*, était punie de soixante coups de fouet, non parce qu'elle avait violé les lois de la pudeur, mais parce qu'elle dérobait ainsi à ses auteurs un bien dont seuls ils pouvaient disposer. Très-enracinée dans les basses classes, cette odieuse coutume avait toujours répugné aux classes supérieures; du moins, c'est ce qu'affirmèrent à un Américain, M. Layman, les étudiants attachés à cette ambassade japonaise qui fut envoyée aux États-Unis en 1872, et qui, après y avoir longtemps séjourné, parcourant toutes les villes de quelque importance, depuis la cité mormonne jusqu'au siége du gouvernement fédéral, se rendit en Angleterre, où la reine Victoria la reçut au château de Windsor, et finit par visiter Paris. Pour témoigner que le mépris des femmes n'était pas un trait original de la civilisation japonaise, ces étudiants invoquaient l'histoire : ils citaient les huit femmes qui avaient gouverné leur pays et dont l'une avait conquis la Corée. Toujours est-il que le gouvernement semble très-désireux de s'assurer, dans son œuvre rénovatrice, le concours du sexe féminin. Il a envoyé aux États-Unis, pour y recevoir les semences d'une éducation nouvelle, cinq jeunes filles de hauts fonctionnaires, et il laisse les femmes de famille noble voyager hors de chez elles.

Au Japon même, la jeune impératrice favorise hautement les écoles de filles, qui y ont été nombreuses de tout temps et dont elle veut élargir le cadre. Elle a fondé de ses propres deniers une école normale d'institutrices et a voulu présider en personne à son ouverture. Aussi bien l'instruction primaire n'a-t-elle jamais été négligée au Japon : il y a peu d'enfants qui ne fréquentent pas l'école et peu d'hommes qui ne sachent pas lire les caractères vulgaires et les écrire. Seulement, il est fâcheux que cette instruction soit tout à fait restreinte et que, la plupart des livres étant en caractères figuratifs, les moyens de la développer fassent défaut après la sortie de l'école. L'abandon de cette écriture constituerait un progrès immense, et son étude, qui absorbe des années entières, est le grand obstacle à l'essor de l'instruction secondaire. Celle-ci était jadis le privilége des seuls Samuraï : aujourd'hui, elle est ouverte à toutes les classes en même temps qu'accessible à toutes les bourses. Elle comprend les langues étrangères, l'anglais et le français principalement ; mais la plupart des élèves s'en tiennent, contre leur gré même, au déchiffrement des caractères et des livres chinois.

Quant à l'enseignement supérieur, une série d'écoles spéciales le représentent et le distribuent : il y a l'École de médecine, établie autrefois à Nagasaki et actuellement à Yédo ; l'École de droit, l'École des mines et l'École technique. Celle-ci est attachée au ministère des travaux publics : elle ressemble à notre École centrale et se propose de préparer des ingénieurs, des mécaniciens, des architectes, des industriels. Son programme embrasse les mathématiques élémentaires et spéciales, la physique, la chimie, l'art des constructions, la minéralogie, la géologie, la métallurgie. Ce programme est vaste, trop vaste, paraît-il, pour le personnel restreint qui est chargé de le mettre en œuvre. Il ne comprend pas toutefois cet art de mourir, sur un signe du maître, avec décence et suivant l'étiquette consacrée : *Ave Cæsar, morituri te salutant*, qu'au témoignage de Kaempfer on enseignait jadis dans les écoles supérieures. Il raconte que, de son temps, les ordres de se suicider donnés à de hauts fonctionnaires n'étaient pas rares, et qu'il ne s'en rencontrait point d'assez audacieux pour essayer de se soustraire à leur exécution. Les messagers funéraires n'apparaissaient que pour être immédiatement obéis : la victime désignée s'accroupissait sur une estrade, dressée au fond de son propre jardin et recouverte des tapis les plus riches de sa maison ; elle pratiquait une légère incision au bas de son nombril, et, penchant la tête du côté droit, elle la tendait au sabre d'un ami placé à ses côtés, qui, d'un seul coup, la faisait rouler à terre.

La manie de se mêler de ce qui ne les regarde point, au risque de se rendre odieux ou ridicules, est une de celles qui obsèdent le plus les gouvernants. Dans le vieux Japon, les ordonnances avaient tout prévu, tout réglé, depuis la hauteur et le nombre des portes et fenêtres jusqu'à l'ameublement du gynécée ; dans le nouveau, le prince s'immisce dans les détails de la toilette des dames, dans l'édifice de leur chevelure, et il prescrit aux hommes de couper cette queue qui assurément les rend grotesques, mais à laquelle ils ont, paraît-il, la faiblesse de tenir. Ces décrets ont été obéis, non sans provoquer du mécontentement, et ils ont mis les dames en double délicatesse avec le Mikado, car ce sont elles surtout qui se sont offusquées et fâchées en voyant le chef de leurs frères et de leurs maris, accommodé à la mode *barbare* des Européens. La chose ne paraît tout d'abord que risible ; elle a toutefois son côté sérieux : c'est la possibilité que cette ingérence malavisée dans les vieilles coutumes et les vieux us nationaux n'indispose les Japonais contre les Européens et ne compromette le sort d'innovations mieux justifiées et plus urgentes.

Le côté faible, en effet, de l'évolution japonaise, c'est sa précipitation même, c'est cette ardeur de réforme qui anime le gouvernement, mais qui ne s'est pas encore communiquée au peuple. Il est imprudent de le vexer à propos d'habitudes au fond fort inoffensives, lorsqu'il faut parfois refouler ses mauvais instincts et compter avec ses passions traditionnelles. On a pu s'en convaincre par l'émeute qui éclata dans le district d'Etzizen à la nouvelle qu'un décret impérial ordonnait la mise en liberté de ces chrétiens indigènes, presque tous originaires de Nagasaki et de Simabara, c'est-à-dire des lieux mêmes où s'était passée l'horrible tragédie de 1638, qu'on avait arrachés à leurs foyers et déportés dans l'ouest et le sud de Kiousiou. Les émeutiers marchèrent sur la ville de Fullmoi et présentèrent à ses autorités une note où ils ne réclamaient pas seulement le maintien des vieux édits contre la religion chrétienne, mais où ils protestaient encore contre l'intervention de l'État dans les affaires du bouddhisme et déclaraient ne vouloir ni du calendrier nouveau, ni des queues coupées, ni des livres européens, ni des coutumes européennes. On craignit un instant pour la sûreté de quelques étrangers, employés de l'État dans cette ville ; mais la fermeté des magistrats fit évanouir le danger et l'arrestation des principaux chefs mit fin à cette émeute.

Évidemment, ce trouble ne s'était élevé qu'à l'instigation du clergé bouddhiste, menacé dans sa vieille puissance et très-mécontent de ce que le gouvernement venait de lui retirer les subventions dont il l'avait gratifié jusqu'alors. Il est vrai que, par forme de compensation, il lui était permis de manger de la viande, comme de se marier si le cœur lui en disait, et que le clergé shintoïste perdait également sa dotation. Mais, quoi qu'en ait dit Montaigne, « le douloir de l'un n'est pas toujours le proufficit de l'autre, » et les bonzes, qui de leur nature n'étaient pas des gens de progrès, n'en seront pas probablement, après leur mésaventure, des propagateurs plus zélés parmi leurs crédules ouailles. Il faudrait d'ailleurs se garder de croire que la thèse, si controversée en Europe, de la séparation complète de l'Église et de l'État, a été résolue au Japon dans le sens de l'affirmative; on prête, au contraire, à ses hommes d'État, l'intention de fonder une religion nouvelle et officielle par l'amalgame des deux autres, conception qui paraît vraiment saugrenue, lorsque l'on songe que le shintoïsme est un amas de pratiques puériles et que le bouddhisme a perdu toute action sur les grands et sur les lettrés. On nous représente ceux-ci comme livrés à un scepticisme universel qui n'irait pas d'ailleurs sans un mélange de quelque superstition, s'il est vrai, comme l'affirme sir Rutherford Alcock, « que, « ne sachant pas grand'chose de Dieu, ils croient « néanmoins à l'incarnation dans le renard de l'es- « prit des bêtes [1]. »

Il n'appartient pas à l'auteur de ces lignes d'usurper un rôle prophétique et de prédire doctement les futurs destins de la Terre du Soleil levant. Une question bien intéressante, tant au point de vue ethnologique que sous le rapport moral, se débat dans ces mers lointaines : c'est celle de savoir si une civilisation inférieure, il est vrai, mais une civilisation *sui generis*, délicate et complète, peut faire peau neuve, de sa propre volonté et au contact immédiat de civili-

---

[1]. Sir Rutherford Alcock, qui a été ministre britannique au Japon, est l'auteur d'un livre intéressant : *The capital of the Tycoun*, a narrative of three years' residence in Japan (la *Capitale du Taïcoun* (Shogun), récit de trois ans de résidence au Japon).

sations étrangères qu'elle a longtemps détestées et proscrites. Nul doute que, engagée dans les conditions qu'on a décrites, elle ne se traduise, pour le Japon lui-même, dans l'alternative ou d'un heureux progrès, ou d'un violent retour en arrière, fécond en catastrophes. Seulement, parmi ceux qui ont pu suivre des yeux cette grande tentative et qui y ont été mêlés même, il y a diversité d'appréciation sur l'issue qu'elle doit avoir. L'opinion de M. Bousquet est décidément mauvaise ; tout lui présage que le réveil de l'empire des Mikados « sera aussi éphémère qu'il a été brusque », et il entrevoit l'heure où, placé dans la nécessité, soit de payer par son seul travail tout ce qu'il achète, soit de s'endetter jusqu'à compromettre son indépendance, cet empire encourra le sort que la loi des XII Tables réservait au débiteur insolvable, et deviendra la proie de prêteurs cupides, guettant déjà l'heure de fondre sur leur proie.

Il n'est pas difficile de deviner quels sont, dans la pensée de M. Bousquet, ces prêteurs cupides, et nous convenons volontiers que l'Angleterre, venant un jour à prendre le Japon sous son protectorat, un tel acte éveillerait les susceptibilités tant de la Russie que de l'Amérique, et susciterait probablement une question de *l'extrême Orient*. Mais la supposition paraît assez gratuite, et rien n'indique chez les hommes d'État de la Grande-Bretagne la moindre intention de faire naître une question d'Orient *asiatique*, alors qu'ils en ont bien assez de la question d'Orient européenne. Quant à l'issue définitive de l'évolution japonaise, qu'il nous soit permis, sans récuser la compétence exceptionnelle de M. Bousquet et sans atténuer la portée des faits qu'il invoque, de ne pas partager tout son pessimisme. Ce sera lui-même, au surplus, qui nous fournira un motif d'être un peu plus confiant : ne nous montre-t-il pas le Japon comme ayant en partie renoncé, depuis le voyage d'Iwakura, son premier ministre, aux bâtisses d'apparat, aux travaux de pur décor, et ne nous affirme-t-il point que les Japonais ont compris la nécessité, s'ils voulaient extraire de la civilisation occidentale sa séve féconde, au lieu de se contenter de sa simple écorce, de recourir à un vaste développement de l'instruction publique dans toutes ses directions, afin « de transformer « l'intelligence de la nation, de la redresser et d'y « jeter le germe du progrès futur ? »

DESCRIPTION GÉOGRAPHIQUE

DU JAPON

Les quatre grandes îles — Yéso, Hondo, Sikok, Kiousiou — qui, avec les Kouriles récemment échangées contre l'île Saghalien, composent l'empire japonais, s'étendent sur une longueur d'environ 3,200 kilomètres, tandis que la largeur de l'île principale n'en a pas plus de 520. Elles courent, dans leur direction générale, du nord-est au sud-ouest, et la forme de l'Archipel se rapproche de celle d'un arc dont la concavité regarderait le continent asiatique et la convexité l'océan Pacifique. Par ses deux extrémités, il touche, au nord au Kamtchatka, au sud à la péninsule coréenne, et il n'est séparé de l'extrémité septentrionale de l'Asie que par des détroits faciles à franchir en quelques heures de navigation à la voile.

Ce pays semble un produit de l'activité volcanique qui, s'exerçant à diverses reprises, l'aurait formé par voie de soulèvements partiels. Ses côtes abruptes témoignent de convulsions récentes, et ses cônes émergés paraissent les fragments de quelque immense montagne que les volcans et les tremblements de terre auraient disloquée. Ses plus belles montagnes ont jadis vomi des flammes, ou en vomissent encore. Dans l'île Sikok, l'Asama-Yama fume encore et lance continuellement des pierres et des cendres ; un des pics d'Yéso, le Toromaï, a fait éruption en 1874, et le Fusi-Yama, qui dresse dans le Hondo sa tête altière à 3,729 mètres au-dessus du sol, ne semble éteint que depuis cent soixante-dix ans. S'il fallait s'en rapporter aux traditions locales, le Fusi-Yama aurait jailli du sol en une seule nuit, vers l'an 200 de notre ère, en même temps que le lac de Biwa se creusait à cent lieues au sud. Mais ce récit n'est pas plus authentique que ceux où il est question de montagnes englouties et disloquées tout entières, notamment dans la partie septentrionale de l'île Kiousiou. Ce qu'il y a de certain, c'est que les tremblements de terre sont tout à fait fréquents au Japon : le plus souvent, ce ne sont que de petites secousses ; mais il y en a eu qui ont ruiné des villes entières, et l'on n'a pas évalué à moins de 100,000 personnes les victimes du tremblement de terre d'Yédo, en 1854.

Il est naturel que, dans un pays aussi tourmenté et aussi déchiqueté, on ne rencontre pas de fleuve au long parcours. Dans les grandes plaines, notamment dans celle qui avoisine Yédo, il y a pourtant des cours d'eau larges et profonds, que des canaux relient entre eux et dont les eaux, abondantes en poissons comme celles du littoral lui-même, apportent un puissant appoint à l'alimentation publique. Mais les autres rivières japonaises ne sont pour la plupart que de vrais torrents, formés par la fonte des neiges et les pluies, qui roulent au fond des vallées et que les chaleurs de l'été dessèchent. Il en est bien peu dont le débit soit suffisant et assez régulier pour que les bateaux se risquent à les parcourir, quoique tous soient flottables et fassent l'office de routes pour le transport des bois.

Confinant par l'une de ses extrémités à la région glacée du Kamtchatka, tandis que par l'autre il avoisine le tropique du Cancer, le Japon réunit nécessairement des climats très-divers. Par son climat froid et ses rivières aux eaux transparentes, où se joue le saumon, Yéso rappelle l'Écosse ; les fourrures et les bois résineux des Kouriles font songer à la Norwége, et l'on cueille des oranges, des bananes et des ananas à Ohosime, dans les îles Sioukiou. Mais la zone la plus centrale et la plus populeuse de l'Archipel, celle qui s'étend depuis Neagata et Yédo jusqu'à Nagasaki, jouit d'un climat tempéré, qu'elle doit d'ailleurs beaucoup moins à sa latitude qu'à l'action combinée des courants atmosphériques et des courants marins. Constamment balayées par les moussons alternatives du nord-est et du sud-ouest, qui y amènent tour à tour les couches d'air froid du pôle et les couches d'air chaud de l'équateur, les vallées du Japon sont parfaitement salubres : le choléra et les fièvres y sont inconnus, bien que tout ce pays ne soit qu'une immense rizière. Toutefois, un air lourd et chargé d'une humidité chaude rend ce climat, sinon malsain, du moins très-énervant. Il vaut aux Européens des anémies et des maux de foie, et il débilite les indigènes eux-mêmes.

Yéso, la plus septentrionale des quatre grandes îles, est couverte de forêts et en grande partie déserte. Elle ne renferme guère que 80,000 Japonais, dont la moitié environ habite la ville d'Hakodaté, assise sur les bords du détroit de Tsangar, qui la sépare du Hondo, et dont la rade, encadrée de hautes montagnes, est une des meilleures de tout l'Archipel. Le nord de l'île est occupé par les Aïnos, peuple au teint cuivré, aux longs cheveux et à la barbe abondante, qui est en train de s'éteindre aujourd'hui, mais qui a constitué vraisemblablement la population aborigène du Japon, peut-être même du Kamtchatka et de la Sibérie orientale. M. Bousquet, qui les a visités, n'évalue pas leur nombre actuel à plus de 11 à 12,000; encore constate-t-il que le nombre tend à diminuer tous les jours et que le *saki* ou eau-de-vie de riz et la petite vérole font parmi eux de grands ravages. Pour vivre, ils pêchent, ou ils chassent l'ours et le cerf : ils se servent à cet effet d'un arc fait d'une simple pièce de bois de fer grossièrement taillée et munie d'une corde de chanvre. Les flèches se composent de trois parties : une hampe d'un pied, garnie de trois plumes, un morceau de corne qui surmonte cette tige et une tête en os ou en bambou, fine, pointue, barbelée, que ces sauvages trempent dans un poison terrible, dont l'aconit est la base.

La côte nord de l'île Hondo, qu'on appelle le Nambu, est hérissée de falaises et dominée par de hautes montagnes. Elles renferment des gisements d'or, que les Japonais ont longtemps exploités, mais que les eaux ont envahis et qui restent dans cet état, faute de moyens de les vider. On continue néanmoins d'extraire les beaux minerais de cuivre qui abondent également dans cette province, et on les traite à Dozan, lieu dont le nom seul est caractéristique, puisqu'il signifie « la montagne cuivrée ». Cette usine, entièrement japonaise, raconte M. l'abbé Marin, l'un de ses visiteurs, « a un cachet tout à fait
« original. Les maisons échelonnées sur le versant
« rapide, les fourneaux en étagères que recouvre un
« simple toit supporté par des pieux, la fumée épaisse
« qui erre dans les gorges et sur les flancs des hau-
« teurs, tout excite l'attention. De l'autre côté, la
« scène change : un riche feuillage, des taillis épais,
« des ravins et des gorges forment un paysage d'une
« beauté surprenante. De toutes parts vont et vien-
« nent des hommes, des femmes, en grand nombre,
« qui sont employés à extraire les minerais, à les
« encaisser, à les laver, à les transporter jusqu'à la
« fonderie. » Cette usine doit être contemporaine de

la mine qui l'alimente, et cette mine est exploitée depuis trois siècles et plus. Depuis deux cent soixante ans, aucune galerie nouvelle n'a été ouverte, et les anciennes sont loin d'être épuisées. Elles sont très-profondes, et quelques-unes descendent à plus de mille mètres.

Les produits de Dozan sont expédiés sur Myako, petit port de la côte orientale du Nambu, où les vapeurs les prennent pour les transporter à Yédo, la nouvelle capitale, grande ville peuplée de 1,000,000 d'habitants. Elle s'étend sur les bords d'une baie magnifique, et, dans son périmètre de 38 kilomètres, elle embrasse des centaines de palais, de temples et de couvents, entrecoupés de bosquets. Ses maisons à un seul étage sont d'un aspect élégant et gracieux ; par malheur, elles sont construites en bois, et, quand un incendie se déclare, il fait rage. La plus récente et la plus lamentable de ces catastrophes a été celle du 13 avril 1872. L'incendie, cette nuit-là, se déploya sur une aire de cinq kilomètres carrés ; il fit périr une trentaine de personnes et en laissa un millier d'autres sans abri ; il consuma cinq mille maisons et anéantit une valeur de 15,000,000 de francs. C'était dans la deuxième enceinte du *siro,* ou palais impérial, que le feu avait éclaté tout d'abord ; sur sa route, il gagna le ministère de la guerre et les entrepôts de marchandises, les casernes, et s'étendit bientôt jusqu'à la première enceinte. La franchissant à son tour, il envahit la ville marchande, la cité ramassée entre le siro et la mer, et ne cessa son immense destruction que faute d'aliments à dévorer.

En suivant la baie d'Yédo dans la direction du sud, on trouve, à 24 kilomètres de distance, Yokohama, qui n'était, il y a quelques années, qu'un hameau et qui compte aujourd'hui 100,000 habitants. D'Yokohama, une traite d'une cinquantaine de kilomètres, du côté de l'ouest, conduit au pied du Fusi-Yama, en traversant le village d'Yososka, placé dans un site ravissant et qui s'enorgueillit de son magnifique arsenal maritime. Puis, c'est la vallée de Kamakura, dans laquelle se dresse le temple fameux d'Hatchiman, dont le souvenir se lie à la plus glorieuse tradition de l'empire, la première conquête de la Corée, et dont les prêtres montrent encore au visiteur le sabre d'honneur d'Yoritomo, son armure, sa lance et ses flèches. Le Fusi-Yama est la « montagne sacrée du Japon » : chaque année, aux mois de juillet et d'août, seule époque de l'année où le sommet en soit accessible, de nombreux pèlerins en font l'ascension. Les Européens, du moins ceux qui en obtiennent la permission, car le mont est situé en dehors des limites des traités, les Européens le gravissent aussi ; mais ce n'est point par dévotion, c'est pour plonger leurs regards dans son cratère béant et pour contempler le panorama de trente lieues de pays qui se déroule de sa cime.

A l'ouest de la « montagne sacrée », et à une lieue du fond de la baie d'Owari, s'élève Nagoya, peuplée de 200,000 habitants, la cité la plus industrieuse de l'empire. Il s'y fabrique des porcelaines bleues à grands ramages, connues sous le nom de porcelaines d'Owari, et des émaux cloisonnés qui, sans atteindre à l'éclatante couleur de ceux de la Chine, n'en font pas moins la joie des collectionneurs. Le prince d'Owari était jadis un très-puissant personnage : aujourd'hui, son siro féodal n'a plus de murailles, et sa porte d'entrée, que surmonte une pagode à trois étages, tombe en ruines. Au surplus, c'est le futur lot de la ville elle-même. Tant que les Japonais ne firent que du cabotage côtier avec de faibles embarcations, elle ne souffrit ni de son manque de communication directe avec la mer, ni de la faible profondeur de la baie d'Owari, que son ensablement incessant rend inaccessible aux navires d'un moyen tonnage. Maintenant que le trafic entre les divers ports se fait par le moyen de steamers, c'est autre chose, et Nagoya se meurt.

Pour d'autres raisons, Kioto, l'ancienne capitale des Mikados, se meurt aussi ; c'est, pour parler comme M. Bousquet, « un grand Versailles de bois, triste, ré-« gulier, mourant, abandonné par la vie, qui s'est « réfugiée à Yédo. » La ville, cependant, est pleine de merveilles, et ses temples du XIIe siècle, que la foule ne hante plus, dont les sanctuaires sont désertés, n'en font sur l'esprit du voyageur qu'une impression plus saisissante. Il ne sait lequel admirer le plus de ces édifices, qui se dressent sur un cercle de collines concentriques et enceignant la cité : Chioin, que ses proportions colossales ont fait surnommer le Saint-Pierre du Japon; Kurodani et son cimetière rempli de statues; Higashiotani et ses escaliers gigantesques; Yeikando, perdu dans les bois; Yoshida, juché comme un belvédère. Voici maintenant le Gosho, l'ancien palais du Mikado, formé de plusieurs enceintes remplies de petits palais qui servaient de demeure aux nobles de la cour; le Gosho, dont les portes sont des merveilles d'ornementation avec leurs sculptures, leurs dragons découpés, leurs chapiteaux, leurs pendentifs; avec leur forme qui rappelle un peu les manteaux de cheminée de Blois et de Chambord. Chose remarquable, ce palais est entouré de murailles; mais il n'a point de fossés, comme en avait le siro du Shogun et le moindre castel provincial. On voulait bien qu'il servît de prison à son hôte impérial, mais on s'arrangeait de façon qu'il ne pût en user comme d'une forteresse.

Entre Kioto et Osaka, il n'y a qu'un jour de marche, et l'on dirait qu'il y a des siècles, tant la première de ces villes à l'air d'une nécropole et tant l'autre offre un aspect vivant. Traversée par plusieurs rivières, coupée par une foule de canaux sur lesquels on a jeté 3,500 ponts en dos d'âne, de l'effet le plus pittoresque; percée de rues propres et nettes, pavées de tuiles posées de champ et sur lesquelles on roule comme sur un marbre poli, Osaka est la reine des cités japonaises. Les Shoguns en affectionnaient le séjour; ils y avaient construit un siro que leurs derniers défenseurs ont incendié en 1868, pour couronner leur résistance désespérée. Il en reste cependant quelques tours carrées et des murailles cyclopéennes qui ont bravé le feu et qui braveraient le canon de même. Par un éloquent contraste, l'hôtel des Monnaies, inauguré en 1871, s'élève en face du siro, dont un pont seul le sépare. Les deux Japons, l'ancien et le nouveau, se regardent ainsi face à face, l'un croulant, mais formidable encore, l'autre plein de jeunesse et de vigueur apparente, mais déjà miné peut-être par ses ardeurs fébriles.

Osaka renferme plus d'un demi-million d'habitants, et sa communication directe avec le golfe du même nom, qui forme le fond de la mer Intérieure, la rend le centre d'un vaste mouvement commercial. Quoique d'une bien moindre étendue que la Méditerranée européenne, la Méditerranée japonaise ne laisse pas d'offrir quelques traits physiques plus frappants. Le flux et le reflux s'y font sentir d'une façon très-sensible; les orages y sont presque inconnus, et aucun vent brûlant comme le siroco ne rase ses vagues. Elle abonde en îles verdoyantes, en bons ancrages, en baies profondes; les rivages en sont admirablement découpés. De hautes montagnes les dominent et des massifs de verdure qui les bordent, s'élancent des temples aux toits pointus ou des tours de castels féodaux. Ses promontoires rocheux se couronnent de plantes grimpantes, et des bois touffus se mirent dans ses eaux. L'industrie de l'homme est venue ajouter encore quelque chose à ce splendide décor : elle a couvert les pentes des rivages et les coteaux des îles de rizières, de plantations de thé, de champs de tabac. Joignez à cela un beau ciel, un soleil brillant, un air parfumé, des milliers de canots, de barques et de navires, allant et venant dans tous les sens, s'entre-croisant, et vous aurez l'idée de ce tableau à la fois gracieux et imposant, de ce panorama pittoresque et grandiose [1].

Le détroit de Simonosaki, qui fait communiquer la mer Intérieure avec la mer de Corée, la sépare également de l'île Kiousiou. Les abords de ce détroit sont garnis d'îles et d'îlots, dont des centaines de jonques en mouvement ou à l'ancre animent les eaux et vivifient l'aspect. Les forts qui en défendaient l'entrée occidentale et qui tombèrent, en 1864, sous les canons des amiraux Kuper et Jaurès, n'ont pas été reconstruits. Ils ne forment plus qu'un amas de ruines; mais la ville de Simonosaki est restée ce qu'elle était alors, une ville gaie, propre et commerçante, quoique déchue de son importance politique, parce qu'elle a cessé d'être la résidence de ces puissants daïmios de Nagato, dont le représentant actuel, Chosiu, a joué un si grand rôle dans la révolution japonaise. En descendant la côte occidentale, on rencontre Kunamotu, chef-lieu de la petite province de ce nom, à

---

[1]. Cyprian A G. Bridge, *the Mediterranean of Japan*.

laquelle on accorde 300,000 âmes, puis Nagasaki, qui n'en a que 100,000, mais dont l'importance géographique et commerciale est tout autre, située qu'elle est en face de l'extrémité méridionale de la Corée et des rivages de la Chine. Elle jouit d'ailleurs d'un excellent climat, qui en a fait le *sanitarium* de la colonie européenne de Shanghaï. Une quinzaine de lieues seulement séparent Nagasaki de Simabara, située sur le vaste golfe du même nom, qui s'enfonce profondément dans les terres, entre les provinces de Tsikugo et Higo à l'est, et celle de Fizen à l'ouest, et célèbre par l'extermination en masse de la chrétienté japonaise au xviie siècle. Enfin, tout à fait au sud de l'île, on rencontre Kagosima, au fond du golfe du même nom, grande et belle ville que l'on dit peuplée de 200,000 habitants.

L'île Sikok, qui s'encadre entre Kiousiou à l'ouest et Hondo à l'est, n'offre pas de villes importantes; mais elle renferme une cime volcanique, le Tsana-Yama, qui fume encore et dont une éruption, accompagnée de tremblements de terre et d'inondations soudaines, fit un jour quarante mille victimes. Enfin le petit groupe des Liou-Kiou, que les Japonais eux-mêmes appellent Riu-Kiu, se déploie au sud de Kiousiou, mais à une très-grande distance, en face des rivages chinois du Fou-Kiang. Ce petit groupe est remarquable par le caractère original de sa population et par l'excellence de son climat. Ses habitants sont vigoureux et bien constitués, mais très-petits, et, circonstance remarquable, il en est ainsi de ses animaux domestiques. On vante d'ailleurs l'heureux caractère de ces insulaires, leur bienveillance et leur affabilité. Ils vivent dans une grande abondance de toutes choses, grâce à la bénignité de la nature et à la prodigalité d'un sol qui produit des céréales, comme il porte l'arbuste à thé et la canne à sucre, et qui montre le sapin de Norwége à côté du cotonnier et de l'oranger.

Au point de vue politique et administratif, le Japon avait été divisé, au VIe siècle de notre ère, en sept grands cercles, ou, pour employer l'expression japonaise, en *do* (grandes routes), comprenant soixante et une provinces princières, avec sept provinces domaines de la couronne. Géographiquement, cette division a subsisté jusqu'à ces derniers temps, quoique, en fait, les provinces princières eussent été morcelées pendant les longues luttes de la féodalité, de telle sorte qu'elles formaient jusqu'à six cent quatre fiefs distincts. Aujourd'hui, l'empire est partagé en *ken* ou départements, à la tête desquels se trouvent un gouverneur civil, un tribunal et un commandant militaire nommés par l'empereur. Le nombre des ken, primitivement fixé à 72, a été depuis réduit à 65. En dehors des départements, trois villes — Osaka, Kioto et Yédo — sont administrées, sous le nom de *Fu*, d'une façon particulière.

DEUXIÈME PARTIE

LE JAPON

A L'EXPOSITION DE 1878

MAISON ET FAÇADE JAPONAISES

Le Japon se présente à l'Exposition sous deux formes : le Japon rural au Trocadéro, et le Japon intellectuel et industriel au Champ de Mars.

La maison ou la chaumière japonaise qui se voit au Trocadéro ressemble à une ferme par ses alentours et, par les jolis matériaux qui la composent, à une de ces petites villas où les gens de loisir du pays et ses lettrés aiment à se réunir pour boire du thé, écrire des vers et converser. Soulevez le rideau en bambou qui lui sert de portière, et vous vous trouverez en face des pots en bronze, des faïences d'usage quotidien, d'une foule d'objets en bambou et de l'immense parasol en papier de bourre de soie graissé qui abrite les maîtres du logis et leurs visiteurs quand ils veulent prendre le frais. Au fond de la maison, un vieux Japonais, assis sur ses talons et les mains sur les cuisses, surveille l'eau qui bout sur le thé et semble quelque peu étonné de se trouver où il est. Il a gardé, lui, le costume national; mais son jeune compatriote, celui qui vous sert de cicerone, est vêtu à l'européenne et parle le français; peut-être bien vous offrira-t-il du thé dans une tasse microscopique et vous fera-t-il tirer quelques bouffées d'un tabac soyeux et blond dans une pipe en métal dont le fourneau n'est pas plus profond qu'un dé à coudre.

Dans le jardinet qui entoure la maison, du riz pousse en tiges vertes et vigoureuses, et du froment est cultivé par touffes; des pivoines, roses, rouges, blanches, s'épanouissent; des canards, des poules caquettent, et des coqs se pavanent. Ces volatiles appartiennent à deux races fort différentes : l'une est basse sur ses jambes et presque naine, tandis que l'autre, qui rappelle beaucoup les crèvecœur, se dresse sur de longues jambes et allonge de longs cous.

Une fontaine verse une eau limpide et qui invite à la boire : elle a été assez longtemps la seule qui existât dans l'Exposition tout entière. En somme, le visiteur, en isolant ce petit coin de terre de son encadrement et surtout de la foule des gens qu'il coudoie, le visiteur peut un instant se faire assez facilement l'illusion qu'il s'est transporté au Japon même, dans quelques-uns de ces villages situés dans de frais vallons ou sur les flancs de collines riantes, au milieu de ces paysans contents de leur vie simple et frugale, qui semblent s'étonner, en voyant passer

un Européen, « qu'on puisse s'occuper d'autre chose
« que de tirer de la terre les germes bienfaisants que
« Dieu y a mis pour tous [1]. »

Franchissons maintenant le Champ de Mars et entrons dans les galeries japonaises par la façade monumentale de la rue des Nations. Cette façade est précédée de deux fontaines en terre émaillée dont les vasques renvoient l'eau, en minces filets, du cœur de nénuphars découpés en faïence. La porte, large et solide, se compose de deux piliers puissants qui soutiennent une poutre horizontale à l'armature de bronze et que surmonte une sorte d'auvent, en forme de fronton, d'une courbure svelte et pure. Sur la paroi de droite est peint un plan de la ville d'Yeddo ou de Tokio, suivant son nouveau nom officiel, et sur la paroi se déroule une carte générale de l'Archipel, accompagnée de très-curieux renseignements statistiques. On y lit que l'empire embrasse une superficie de 23,740 lieues carrées et qu'il est peuplé de 34,000,000 d'habitants ; qu'il compte 35 départements, 6 divisions militaires ou grands commandements, 7 divisions académiques, 116 colléges, 103 écoles de langues étrangères, 24,225 écoles primaires, 16 ports de mer principaux et 36 phares [2].

Au Japon, le voyageur ne rencontre ni une place

---

1. *Une Aventure au Japon* (*Tour du monde*, 707e liv.).
2. Ces chiffres complètent et rectifient au besoin ceux que nous avons donnés plus haut dans notre première partie, d'après les documents les plus récents et les plus authentiques qui fussent alors à notre disposition.

publique, ni une maison de ville, ni une bourse, pas même un théâtre, un pont ou un aqueduc d'aspect monumental. Des maisons basses, isolées les unes des autres par des jardins et des cours, des temples semés dans la campagne ou dans les faubourgs des villes, des *siro* ou forteresses féodales disséminées un peu partout, voilà toute l'architecture, et ces constructions sont conçues d'après un petit nombre de modèles dont l'architecte ne s'écarte jamais. Les édifices les plus vastes sont en bois, comme les plus humbles ; les lignes sont brisées, fuyantes ; les piliers disparaissent dans l'ombre immense du toit ; la toiture n'est qu'une série de surfaces curvilignes, et une même façade présente un premier, un second, un troisième corps de bâtiment, enjambant les uns sur les autres, comme des maisons mal alignées. Les vides l'emportent sur les pleins. Le temple, la maison de ville et la maison des champs n'ont pour ainsi dire pas de murailles ; leur couverture est supportée par des piliers que réunissent des châssis mobiles, et leurs habitants ont l'air d'être tantôt renfermés dans une cage ou une boutique, tantôt de camper sous les regards du passant. Un dernier trait, enfin, de toute l'architecture japonaise, est le manque de symétrie et de proportions. Le portique n'est pas toujours dans l'axe de l'entrée principale ; et le chemin dallé qui conduit de l'un à l'autre coupe la cour en diagonale, et, quelle que soit la largeur ou la profondeur, la hauteur reste à peu près la même.

S'efforce-t-on maintenant de rattacher ces caractères généraux à une cause unique, on est bien tenté de la trouver dans l'amour naïf et connu des Japonais pour la nature. Ils ne la conçoivent pas d'une façon esthétique, et cette symétrie, cette ordonnance qu'elle ne montre nulle part, ils ne songent nullement à la tirer de leur propre fond. Leur naturalisme se traduit par une admiration sans critique et sans restriction du spectacle merveilleux que déroule devant eux le monde extérieur. L'aspect de la campagne en fleurs, le tumulte imprévu et charmant des cascades tombant de la montagne, des vagues grondant au fond des criques, des torrents qui rongent leurs parois basaltiques, les contrastes et les caprices d'une végétation puissante : voilà les modèles qui s'imposent à leur imagination et inspirent leur art. Comment s'étonner que leur style rappelle ce gracieux et piquant désordre? Puis, cette terre si belle est, en même temps, si hospitalière! On peut, une partie de l'année, vivre sous la tente, comme les ancêtres mongols, dont l'habitation portative a donné sa forme aux huttes qu'on retrouve encore chez les Aïnos à Yézo. A quoi bon des clôtures pour qui vit si volontiers en plein air [1]?

Les anciens Japonais se servaient cependant de la pierre dans la construction de leurs forteresses féodales; mais ils se contentaient d'aplanir la face

1. Boissonnade, *le Japon de nos jours*, II, chap. XV.

externe de chaque bloc, laissant les autres irrégulières et remplissant les interstices intérieurs avec un blocage à sec de cailloux. C'était le procédé des Pélasges, et c'est l'appareil qui présida, il y a trois mille ans, à l'enceinte cyclopéenne de Tyrinthe et aux murs de Noba, qui dressent encore leurs blocs puissants sur l'emplacement même de la ville détruite, il y a plus de vingt siècles, par Sylla. La plupart des siro du Japon, abandonnés par leurs maîtres, commencent déjà de tomber en ruines ; mais, vus surtout au clair de lune, leurs gigantesques murailles de granit, leurs larges fossés, leurs donjons centraux frappent l'œil et laissent à l'esprit, à défaut d'une satisfaction artistique bien définie, cette forte impression qui s'attache toujours à un entassement colossal, comme à une manifestation de la puissance humaine.

GROUPE PREMIER

BEAUX—ARTS

Les peintures à l'huile, sur porcelaine et sur faïence, les dessins sur laque et les émaux cloisonnés que l'on voit au Champ de Mars ne démentent pas l'opinion que s'étaient faite de l'art japonais en général les personnes auxquelles il avait été donné d'en faire une étude accidentelle. Le peintre japonais, pas plus que le peintre chinois, ne connaît ni l'anatomie du corps humain ni son dessin; les poses des personnages qu'ils représentent sont raides, leurs gestes mécaniques, leurs attitudes compassées, et il n'est pas jusqu'aux plis des vêtements et aux draperies qui ne soient anguleux et rigides. Ces défauts s'accentuent dans la peinture héroïque; mais ils sont très-visibles aussi, soit dans les paysages, soit dans la peinture de genre, comme dans ces aquarelles sur soie ou sur papier, qu'on appelle des *kakemono*, qui décorent la plus pauvre maison, dans les scènes de paysage. De cet art, toute perspective et toute composition sont absentes, aussi bien que toute notion du clair-obscur, des demi-teintes, du jeu des ombres et du relief qu'il peut communiquer aux objets.

Les artistes japonais peignent tout à teintes plates, comme on fait d'un vase et, à vrai dire, ce sont des décorateurs beaucoup plus que des peintres. Mais, en tant que décorateurs, ils montrent une grande habileté d'exécution, un *faire*, comme on dit aujourd'hui, plein de grâce, et leur palette est chargée des couleurs les plus brillantes ou les plus exquises. Ils excellent à reproduire de la sorte les oiseaux, les fleurs et les animaux : un faisan posé sur une branche de cerisier, un paon perché sur un sapin, des pivoines et des chrysanthèmes, un daim broutant un érable, une fouine rasant le sol, un lion de Corée fouettant le sol de sa puissante queue, voilà leurs sujets habituels. Ils ne les peignent pas d'ailleurs d'après nature, mais d'après des modèles d'atelier dont les plus anciens, remontant aux débuts mêmes de l'art au Japon, sont aussi les plus estimés. Ces modèles viennent des Chinois, qui ont donné aux Japonais les premières leçons de peinture et qui leur imposent depuis cinq siècles déjà leurs procédés compassés et leur manière conventionnelle.

D'anciennes sculptures, un tableau en bois sculpté et un autre en papier incrusté d'or, d'argent et de bronze, représentant divers insectes; des dessins faits avec de l'ivoire, des coquillages et des cristaux; un brûle-parfum et des vases à fleurs en bronze incrusté de métal; des boîtes à thé en *shakoudo*, métal formé d'un mélange d'or et de bronze, et des plats en *siboutsi*, alliage d'argent et de bronze, les uns et les autres incrustés d'or; une boîte en ivoire avec bas-relief représentant des souris et des grappes de raisin, voilà le contingent de la sculpture. On y retrouve les caractères généraux déjà définis pour la peinture : c'est la même absence d'idéal, le même souci du fini, le même soin minutieux du détail. La grande sculpture, celle qui représente l'homme dans la grâce de ses mouvements, la majesté de ses attitudes ou la profondeur de ses pensées, ne tient aucune place dans les préoccupations artistiques du pays. De tous côtés et dans toutes les parties du Japon, le voyageur voit surgir la statue du Bouddha aux abords d'un temple, ou bien isolée dans la campagne, au milieu d'un bosquet de cèdres. Elle lui impose par ses proportions colossales, et l'étonne par son attitude toujours assise et par ses attributs différents, suivant le degré d'ascétisme auquel l'artiste s'est proposé d'atteindre. Il se recueille devant ces représentations uniformes, cette majesté monotone; mais la réflexion lui vient tout de suite qu'il n'est pas devant une création indigène, telle que le Jupiter olympien, la Minerve poliade, la figure du Christ, mais devant une importation de l'Inde qui s'est perpétuée sur un sol étranger, sans additions et sans variantes.

Quel pénible contraste offrent ces grandioses images du dieu avec les *tangu*, ou dieux infernaux de la mythologie japonaise, qui, grimaçants, ventrus, trappus, difformes, gardent l'entrée des temples, ou même avec ces statues en bois peint de saints, de sages ou d'apôtres bouddhistes, aux fronts démesurément bombés, affilés ou chargés de grosses bosses, aux oreilles allongées en cornet, que l'on rencontre à chaque pas, pour ainsi dire. La polychromie leur donne un aspect très-réaliste, mais très-repoussant aussi, et ces chairs peintes en rose, avec une habileté peu commune, font horreur. Moins asservie aux exigences orthodoxes et aux traditions hiératiques, la sculpture civile semblait capable d'une plus grande initiative. Mais elle s'est faite d'elle-même l'esclave de la routine : elle répète éternellement les mêmes sujets dans les mêmes poses, dans les mêmes attitudes, et c'est bien rarement qu'un modeleur se laisse aller à son inspiration personnelle et se pique de se montrer inventif. Mais toujours les accessoires sont traités avec une scrupuleuse exactitude, et, dans les incrustations sur bronze, les animaux, les plantes, les instruments, les attributs attestent une dextérité de main merveilleuse.

La classe 5 (*gravures et lithographies*) ne nous offre que les planches galvaniques en creux qui servent à la fabrication du papier monnaie. Elles intéressent plutôt le financier que l'artiste, et celui-ci leur eût préféré sans doute quelques spécimens d'un art que le Japon pratiquait bien longtemps avant que Finiguerra en dotât notre Occident. Il se consolera en apprenant de M. Bousquet que cet art n'a produit encore là-bas que des estampes au trait confuses, monotones, mal venues, qui servent d'illustration aux romans, aux petits traités populaires, et des caricatures quelquefois spirituelles par le sujet, rarement par l'exécution, qu'on vend pour quelques centimes après les avoir grossièrement enluminées. Comme exécution et comme sentiment artistique, cela « ne dépasse point l'imagerie d'Épinal », et c'est pourquoi peut-être les Japonais, qui sont très-patriotes, ne nous l'ont pas montré.

GROUPE II

ÉDUCATION ET ENSEIGNEMENT. — MATÉRIEL ET PROCÉDÉS DES ARTS LIBÉRAUX

Autant cette section était vide ou à peu près dans l'exposition chinoise, autant elle est garnie dans l'exposition japonaise, et cette remarque est tout à l'honneur de ce pays, qui a brusquement rompu ses gênes séculaires et dont l'audacieuse tentative de se rénover et de faire peau neuve, si l'on peut ainsi dire, est condamnée à un insuccès fatal, s'il se borne à imiter superficiellement les pratiques occidentales et à emprunter le vernis de notre civilisation, comme cela s'est fait en Egypte par exemple, au lieu d'en conquérir la substance et de se l'assimiler par degrés.

Le point initial d'une pareille œuvre, c'est l'instruction primaire; c'est par elle qu'il faut éveiller des intelligences engourdies et stimuler des activités paresseuses. Ce n'est point assez que le Japon possède déjà plus de 24,000 écoles primaires : il faut encore que leurs élèves y reçoivent un enseignement rationnel et fécond. A ce point de vue, on tire un bon augure de ces cartes, de ces animaux empaillés, de ces tableaux d'animaux, de ces collections de minéraux qu'expose le ministère de l'instruction publique et qui nous montrent l'enseignement par les *choses*, substitué déjà, dans les écoles japonaises, à la fastidieuse et stérile méthode exclusive des leçons apprises par cœur, qui, à la honte de la vieille Europe, prévaut encore dans un si grand nombre de ses établissements scolaires. Par ce procédé, l'enfant peut bien apprendre à lire et à écrire, mais il ne s'intéresse pas à la lecture en elle-même ; il s'en dégoûte plutôt, et c'est ce qui explique comment nos soldats, pendant leur captivité en Allemagne, passaient leurs longues journées à jouer au bouchon et ne songeaient jamais, à la grande surprise des Allemands, à se distraire en prenant un livre.

Le matériel et l'organisation de l'enseignement secondaire et de l'enseignement supérieur ou spécial (classes 7 et 8) sont représentés par des globes terrestres, des cartes du Japon, des dessins zoologiques appartenant au Muséum d'Yédo, des cartes d'Hokhaïdo, dans l'île d'Yéso, des plans des mines de houille et de pétrole situées dans cette même localité, des cartes géologiques concernant l'île d'Yéso, des rapports sur la première année d'exercice de l'Ecole d'agriculture de Sappura (Yéso) ; par la collection enfin des rapports du *Kobou-Daï-Gakko*, la grande école qui relève du ministère des travaux publics.

L'imprimerie et la librairie (classe 9) présentent des livres venant du Muséum d'Yédo et le *Récit d'un voyage en Europe et en Amérique* dû au Japonais Daï-jo-Kuan. On ne saurait trop vivement souhaiter que ce livre passe dans notre langue, par les soins de quelques-uns de nos japonisants ; il doit renfermer, en effet, des observations intéressantes, et il serait très-curieux de connaître les impressions qu'a bien pu laisser à un fils de la *terre du soleil levant* des pays aussi différents du sien sous tant d'aspects que les États-Unis de l'Amérique du Nord et l'Angleterre ou la France.

La langue japonaise appartient, comme on le sait, au groupe des langues agglutinantes, c'est-à-dire de celles où le radical demeurant toujours inflexible, ainsi que dans les idiomes monosyllabiques, des particules viennent s'y accoler, qui en modifient le sens et qui indiquent les temps, les modes et les cas. Par ses caractères fondamentaux, elle se distingue donc aussi bien des langues indo-européennes ou des langues sémitiques que du chinois et se range dans la catégorie des idiomes ouralo-altaïques. Il n'en est pas moins vrai que le chinois a eu sur le japonais une action considérable et qu'il a non-seulement enrichi son lexique d'une foule de mots savants et techniques, mais qu'il lui a encore imposé, d'une façon très-fâcheuse, ses caractères figuratifs. Les Japonais, à la vérité, n'ont pris de cette effrayante masse de caractères que ceux seulement dont ils avaient besoin pour représenter les différents sons de leur idiome natif, et se sont composé un syllabaire à eux, en assignant une valeur purement phonétique à l'idéogramme chinois dont ils empruntaient le dessin.

C'était une heureuse simplification, mais la masse des mots chinois qui se sont naturalisés dans le lexique japonais, a empêché qu'elle ne portât tous ses fruits. Avec la *kata-kana*, ou écriture ordinaire, il est impossible d'exprimer ces mots sans tomber dans une confusion inextricable, par suite de la quantité de mots ayant le même son que renferment le japonais et le chinois lui-même. Force est donc, pour écrire le mot chinois, d'employer le caractère figuratif qui le représente. Le système graphique en devient aussi compliqué que le langage, et cette circonstance, très-goûtée jadis des bonzes et des seigneurs, contrarie fort aujourd'hui les Japonais, amoureux du progrès et désireux de s'initier au merveilleux mouvement de la science occidentale.

Voici maintenant, dans la section 10 (*papeterie, reliure, matériel des arts, de la peinture et du dessin*), des encres et des pinceaux dits de Chine, des encres et des couleurs typographiques, des crayons lithographiques, des cahiers et des registres, du papier à filtrer la laque et des papiers de différentes espèces, fabriqués avec des écorces diverses et qui répondent aussi aux besoins les plus divers, tels que l'écriture et le vêtement. Les Japonais se servant, comme les Chinois, du pinceau au lieu de la plume, leur papier à écrire n'avait pas besoin d'être collé. Ils en obtiennent aujourd'hui de pareil sur la surface glacée duquel notre plume peut courir. Ce papier se fabrique dans la même section du ministère des finances que celle qui est chargée de la confection du papier-monnaie et qui, malheureusement pour l'avenir des finances japonaises, n'a pas occupé une sinécure en ces derniers temps.

Contrairement à ce qui s'est toujours passé en Chine, le Japon possède de vieille date une école de médecine. Précédemment établie à Nagasaki, sous la direction de maîtres hollandais, elle est actuellement installée à Yédo. L'enseignement y est donné par 19 professeurs, dont 11 sont Japonais et 8 Allemands, et elle est fréquentée par 242 étudiants, dont 50 seulement suivent les cours supérieurs et 192 les cours préparatoires. On y professe la médecine, la chirurgie, l'anatomie, l'histoire naturelle, la physique, la chimie, la pharmacie, et, à en juger par l'exposition du ministère de l'instruction publique, sous la rubrique de la classe 14 (*médecine, hygiène et assistance publique*), ce professorat est richement doté sous le rapport matériel. On voit figurer dans cette collection des microscopes pour l'art médical, des instruments d'obstétrique, dont quelques-uns inventés par le professeur Kagawa, des instruments d'oculistique et, pour introduire des médicaments dans les yeux, des instruments de chirurgie, des appareils d'électrothérapie, des appareils électriques pour rechercher les balles restées dans le corps, des ossements humains reliés par des fils métalliques, des tableaux indiquant les pulsations du cœur humain.

M. Bousquet fait un grand éloge des étudiants japonais, de leur ardeur à l'étude, de leur docilité à recevoir les leçons de leurs maîtres, du respect qu'ils témoignent à ceux-ci et de leur bonne conduite, qui rend tout à fait inoffensive la grande liberté dont ils jouissent hors des cours. Il se plaint seulement de ce qu'on les laisse tout à fait sans notions morales ou philosophiques, de telle sorte qu'ils sortent des écoles ingénieurs, architectes, philologues, légistes, mais point hommes peut-être. Il regrette également que leur culture physique soit trop négligée. La nature n'a doué les Japonais, en général, ni d'une forte constitution, ni d'une santé robuste : il faudrait aux jeunes étudiants une hygiène convenable, une alimentation substantielle et un exercice suffisant. C'est la vieille, très-vieille question de l'esprit sain dans un corps sain : *Mens sana in corpore sano;* en d'autres termes, d'une éducation susceptible de développer à la fois l'esprit qui pense et le corps qui agit. Elle n'est pas résolue au Japon; mais l'est-elle davantage en France, et si la barbare discipline qui, au temps de Montaigne, jonchait d'osiers sanglants le parquet des écoles, a vécu, tient-on dans ces écoles un compte suffisant de l'éducation physique? Et nos jeunes concitoyens suivent-ils de leur côté l'avis du grand John Milton, qui engageait les siens à bêcher, chasser, pêcher, et, au besoin, à coucher à la belle étoile?

Enregistrons dans la classe 15 (*instruments de précision*) divers instruments de physique qui auraient été mieux à leur place dans le matériel de l'enseignement supérieur, un assortissement de poids et mesures et une collection de monnaies tant anciennes que nouvelles. Nous avons déjà expliqué plus haut quel est le système de celles-ci : nous ajouterons seulement qu'elles montrent sur leurs faces, d'un côté le soleil, qui représente le Japon, et de l'autre le dragon, qui figure le pouvoir impérial. Quant aux anciennes monnaies, la plus grande était le co-bang pour l'or et l'itsi-boo pour l'argent. Le co-bang était de forme oblongue, mesurait 6, 25 centimètres dans un sens sur 3, 75 centimètres dans l'autre, et valait 27 francs 50. Il était fait d'un or sans alliage si mince et si ductile qu'il fléchissait sous la pression du doigt. L'itsi-boo affectait la forme d'un carré oblong, de 2,5 centimètres, sur 1,5 centimètres, était un peu plus épais que le shilling anglais et valait 1 fr. 85 cent.

On prétend que les daimios avaient dans leurs coffres des pièces d'or appelées *co-bang*, de dimensions très-supérieures à celles du co-bang, et d'une valeur de 250 francs. Mais elles circulaient rarement et, de fait, il était rare de voir, avant l'émission des monnaies nouvelles, des sommes d'or, d'argent et même de cuivre un peu considérables entre les mains des gens. Le numéraire ne servait guère, en effet, qu'au paiement des employés, les gens de service et les ouvriers étant presque toujours soldés en riz.

On ignore quels étaient les poids et mesures usités chez les anciens Japonais. On sait seulement que, en l'an 713, sous le règne de l'empereur Gammio, le gouvernement en fit distribuer, et il est probable, eu égard aux relations commerciales assez suivies qui existaient alors entre le Japon et la Chine, que le système de poids et mesures fut emprunté à ce dernier pays. Les mesures actuellement en usage sont en laiton, en baleine, en acier ou en bambou. Elles sont divisées selon le système décimal, le *mhaku*, ou pied japonais (30 cent. 30 3) servant d'unité. Le *masu* est la mesure de capacité et correspond à 1 litre 808 centilitres. Pour les poids, l'unité est la *momme*, qui équivaut à 3 grammes 756 milligrammes. Il existe plusieurs espèces de balances, dont la plus répandue est la romaine. Son fléau est en bois ou en ivoire, et l'un de ses bras porte un plateau en cuivre jaune, ou bien un crochet. Le poids, qui est invariable, est en cuivre jaune, ou bien en fonte quand il est d'une certaine grosseur. Les balances ordinaires, à deux plateaux, sont rares [1].

Notons encore les cartes marines du ministère de la marine, les cartes indiquant la portée des feux des phares placés sur les côtes japonaises, ainsi que les photographies de ces phares (classe 16), et passons aux meubles, aux porcelaines et aux métaux travaillés, trois genres d'industrie fort anciens au Japon et qui lui ont toujours fait un grand honneur.

1. Détails fournis par M. Maëda, commissaire général de l'exposition japonaise, dans la *Revue scientifique* du 22 juin 1878.

GROUPE III

MOBILIER ET ACCESSOIRES

Les meubles laqués — commodes, tables, étagères, paravents, boîtes, — sont largement représentés dans les galeries du Champ de Mars, et les visiteurs se pressent pour les contempler et les admirer.

Cette fabrication, très-ancienne, puisqu'un vieux livre japonais, publié environ un siècle et demi avant notre ère, parle des meubles en laque de la cour, et que l'on conserve précieusement dans le temple de Todaiji, à Nara (province d'Yamato), des coffrets laqués destinés à renfermer des livres de prières, cette fabrication parut un instant condamnée à disparaître. Les laques exposés à Paris, en 1867, étaient tous des laques antiques, et les meilleurs ouvriers avaient presque cessé d'en fabriquer de nouveau, ayant quelque valeur artistique, lorsque l'Exposition de Vienne fut annoncée. Le gouvernement s'émut : il prodigua ses encouragements à cette industrie et vit ses efforts couronnés d'un plein succès, puisque, à Vienne, les laques japonais furent largement médaillés. Ce succès arrêta une décadence qui se précipitait, et actuellement le Japon, grâce à des procédés perfectionnés, fabrique des laques qui l'emportent, par leurs formes et leurs couleurs, sur les plus beaux spécimens d'autrefois.

Les Japonais tirent la laque du même arbre que les Chinois, c'est-à-dire du *Rhus vernificera*, qui appartient à la famille des Anacardiacées et dont la hauteur varie entre 4 mètres 1/2 et 6 mètres. Il fournit de la cire, et de son écorce incisée on extrait du vernis. Cette opération commence au mois de juin et finit en novembre : on fait des incisions horizontales, à un pied l'une de l'autre, en ayant soin de percer chacune d'elles au milieu d'un trou dont la fonction est de provoquer la sortie de la séve, qui est recueillie avec une spatule en fer. Cette séve est alors placée à l'état naturel dans une grande cuvette en bois, puis remuée au soleil, à l'aide d'une longue spatule en fer, pour la débarrasser, par l'évaporation, de son excédant d'eau, et tamisée parfois. On y mêle enfin, suivant la nature du vernis qu'on veut obtenir, de l'indigo, de l'orpiment, de l'huile, du sulfate de fer, de l'oxyde de fer, du vermillon, de la pierre à aiguiser, de la colle forte et de la colle de riz. Elle est prête alors pour le vernissage des objets.

Dans son travail sur ce sujet, M. le commissaire général de l'Exposition japonaise n'énumère pas moins de douze procédés différents de vernissage, qu'il décrit l'un après l'autre. Il suffira ici de consigner celui de ces procédés qui donne les laques connues sous le nom de *hon-kataji-nuri*, c'est-à-dire, comme ce nom même l'indique, les laques de première qualité.

On prend un morceau de toile Bœhmeria, coupée selon les dimensions de l'objet à vernir, en prenant soin de l'appliquer de telle sorte qu'il n'y ait aucun pli ; on le recouvre ensuite, afin de le maintenir et de le coller en cet état, d'une première couche de vernis ordinaire tamisée. On passe par-dessus une seconde couche de vernis, mêlée de pierre à aiguiser pulvérisée, qu'on polit ensuite à la pierre ponce. Cela fait, on pose une troisième couche semblable à la seconde et que l'on polit de même. On passe ensuite une couche d'encre de Chine, et avec une spatule on applique un mélange de vernis et de vermillon, que l'on essuie au moyen d'une brosse. Quand elle a séché, cette nouvelle couche est polie à la main et à diverses reprises, avec de l'eau et du charbon de bois tiré du *kashiwo shimi* (Andromeda ovofolia). On recouvre ensuite le tout d'une couche de vernis ordinaire, que l'on a soin d'essuyer sur-le-champ et qu'on laisse bien sécher. On applique alors un mélange de vernis ordinaire, de sulfate de fer et de *toshiru*, ainsi que s'appelle l'eau plus ou moins trouble que l'on obtient en aiguisant sur une pierre à repasser les couteaux servant à découper le tabac. On polit enfin cette dernière couche avec du charbon d'abord, puis avec de la corne pulvérisée, travail qui se fait à la main et se répète plusieurs fois [1].

1. Maëda. *Les laques du Japon* (*Revue scient.* du 15 juin 1878).

Pour ajouter à la beauté des laques, on les incruste de nacre, ou bien on les recouvre de dessins, unis ou en relief, que l'on sème de poudre d'or ou d'argent. On emploie aussi à cet effet des feuilles épaisses d'or et d'argent, que l'on applique sur les dessins et que l'on découpe ensuite à l'aide d'un petit couteau. Le tracé de ces dessins et leur reproduction sur la laque exigent, ainsi que l'application elle-même de la poudre d'or, une série d'opérations très-délicates, très-minutieuses et dont l'entier succès a pour effet de porter certains produits à des prix extraordinaires. C'est ainsi que la maison Minoda-Chiojiro, d'Yédo, qui l'expose, ne demande pas moins de 65,000 francs de certain paravent à fond noir, avec laques en or et en argent et incrustations d'ivoire. Il n'y a que les plus grandes fortunes pour qui de pareils prix ne soient pas inabordables; mais il s'agit évidemment d'un objet tout à fait exceptionnel, et il est bon de se souvenir que la laque revêt aussi bien les meubles les plus vulgaires et que la durée de ce vernis, qui résiste même à l'eau bouillante, attire les gens propres, quoique pauvres.

La laque ne s'applique point exclusivement aux meubles; elle réussit également sur la porcelaine, ainsi que l'attesteraient au besoin les paravents à feuilles en *nourri shipo* (porcelaine laquée) qui figurent parmi les ouvrages du tapissier et du décorateur (classe 18), ou bien encore les coupes avec dessins, inscrites parmi les produits de la céramique (classe 20).

Ces derniers produits revêtent toutes les formes : petites commodes, tableaux, vases et pots à fleurs, cuvettes, plats, assiettes, services à thé et à café, coupes, théières, sucriers, bols, brûle-parfums, bonbonnières, etc., etc. Ils appartiennent à 63 exposants et sont assez nombreux pour que leur nomenclature remplisse trois pages entières d'un catalogue qui n'en a pas plus de dix-neuf. Aussi bien la céramique est-elle au Japon une industrie vraiment nationale, qui remonte au sixième siècle avant notre ère, et dont les vieux types et les vieux modèles ont été largement mis à contribution par la céramique européenne quand elle a voulu régénérer ses propres formes appauvries.

En l'an 400 après Jésus-Christ, il y avait des fabriques de poteries dans cinq provinces, celles d'Ise, de Setzu, de Tajima, de Tamba, d'Yamashiro. En 720, un prêtre nommé Giyogi inventa le tour ; les procédés connus des Chinois et des Coréens furent empruntés, et de grandes manufactures s'établirent dans les provinces d'Hizen et d'Owari. En l'an 510, on vit la porcelaine apparaître pour la première fois au Japon : il y en eut bientôt des manufactures dans les provinces de Hizen et d'Owari, ainsi que dans la ville de Kioto, et, environ cent trente ans plus tard, un Chinois domicilié à Nagasaki ayant appris au Japonais Dokuyémon, natif d'Imari, l'art de colorier et de décorer les porcelaines, cette industrie prit un essor assez rapide pour que, en 1646, il y eût une première exportation de ses produits qui se rendirent en Chine.

Au Japon, il y a deux sortes de produits céramiques fort distincts, la faïence et la porcelaine. La faïence se compose de kaolin, et sa glaçure comprend des matières de la nature du feldspath, de la lessive et divers métaux. La porcelaine est un mélange de silice plus ou moins pure, de quartz, de felsite, de feldspath, de granit pulvérisé, et il entre dans sa glaçure de la silice, de la lessive et divers métaux. On colore ces porcelaines et ces faïences, et on les décore avec de l'or, de l'argent, du plomb, de l'étain, du cuivre, du chlorure d'or, de l'oxyde de fer, de cuivre ou de fer noir, du protoxyde de manganèse ou de cuivre, de l'oxyde de cobalt ou d'antimoine, de l'acétate de plomb, de l'acide nitrique, du chlore, de la potasse, de l'acide nitreux, du carbonate de potasse, du borax, de la lessive.

Les principaux centres de production sont pour les faïences Satsuma et Kioto ; pour les porcelaines, Hizen, Imari, Kanga, Kioto et Owari. C'est dans cette dernière province que se fabriquent, en quantités prodigieuses, les porcelaines à fond blanc, avec ornements bleu de cobalt, qui servent à l'usage commun, et c'est de là que viennent aussi ces belles jardinières à fond gros bleu, à ornements blancs en relief, que les indigènes prisent tant pour leur pâte fine, leur émail uni et leur belle teinte. Hizen fabrique des plats à grands ramages, dont le fond disparaît sous des teintes bleu de Prusse et rouge brique, d'une épaisseur sensible au doigt et même à l'œil, avec des vases couverts d'oiseaux, de fleurs, de personnages. Banga produit de petites tasses, des théières minuscules, des vases lagènes, des cuvettes ornées de dessins rouge et or d'une grande délicatesse, tandis que Kioto, la ville artistique par excellence, est sans rivale dans l'art de marier et d'amortir les couleurs sur un fond terre de Sienne. Satsuma enfin revendiquait jadis le monopole de ces brûle-parfums ventrus, et de ces pitons d'une pâte tendre, desquels des fleurs d'une exécution adorable s'échappent sur un fond craquelé blanc d'autruche.

La province d'Owari seule possède une grande manufacture de porcelaines rappelant notre fabrique de Sèvres ou le grand établissement chinois de King-te-Tching. Partout ailleurs, cette industrie, comme toutes celles du pays d'ailleurs, est morcelée en petits ateliers : ils sont disséminés de toutes parts dans les vingt-trois provinces, où cette fabrication a pris plus ou moins pied. Voyez-vous, dit M. Bousquet, au penchant d'une colline, s'élever sous une petite toiture inclinée une série de huit ou dix compartiments en briques, étagés les uns sur les autres et communiquant entre eux, de telle sorte que le feu, étant allumé dans celui du bas, la flamme et la fumée puissent les parcourir tous jusqu'en haut, entrez dans l'enclos : c'est un four à porcelaine, et vous n'en trouverez nulle part de plus considérable. Chaque patron a ses procédés de cuisson et de malaxage, qui sont soigneusement secrets, et de là vient l'infinie variété de la céramique japonaise.

Les annales du Japon rapportent les premiers de ces fours à un nommé Gorodayu-Shonshui, qui en avait appris la construction des Chinois et qui s'établit dans la province d'Hizen, où il se mit à fabriquer la porcelaine, à fond blanc orné de dessins bleus sous la glaçure, qui s'appelle *somesuke* et dont il fut l'inventeur. Il y a des fours à grand feu et des fours à petit feu, ces derniers chauffés à une température équivalente au tiers de la température des autres. Le combustible employé est le bois de chauffage, débité en morceaux longs de 42 centimètres et larges de 3 seulement; on en brûle 18,000 toutes les douze heures. Pendant les cinq premières heures, ce feu est alimenté peu à peu, tandis que, durant les sept dernières, il est énergiquement poussé. La cuisson terminée, on ouvre le four, et l'on en retire une pièce que l'on plonge dans de l'eau froide afin de juger de son degré de vitrification. S'il est trouvé insuffisant, on referme le four et on le laisse refroidir, pendant trois jours complets s'il s'agit de petites pièces, et pendant six ou sept si ces pièces sont de grandes dimensions; puis on procède au défournement.

MM. Matsugata et Maéda, qui donnent ces détails, expliquent également comment se fait chez eux la pâte de la porcelaine et comment on la glace. La première opération consiste dans la préparation des matières premières : on les pulvérise toutes au moyen de pilons à bascule, se composant de longues poutres horizontales dont une des extrémités est recouverte d'une armure en fer, qui broie les matières contenues dans un mortier en pierre, et dont l'autre supporte une auge qui contient de l'eau. Les matières une fois broyées sont tamisées, puis repassées au pilon, jusqu'à ce qu'elles arrivent à un degré de pulvérisation suffisant, et introduites ensuite dans un récipient spécial. On verse alors de l'eau dessus; on agite le mélange, qu'on laisse ensuite reposer, et finalement on décante. La pâte ainsi obtenue est mise à sécher sur un four et coupée ensuite, ayant 30 centimètres de côté et 6 d'épaisseur.

Pour manipuler cette pâte, l'ouvrier en pose sur une table un morceau qu'il pétrit des deux mains afin de le rendre plus doux et plus homogène; il lui donne, avec la main, la forme d'une boule et le place sur le tour, qu'il fait mouvoir au moyen d'une pédale. Il façonne ensuite ce bloc de pâte avec les deux mains, et, l'opération une fois terminée, il le place sur une planchette exposée au soleil pour qu'il sèche. Lorsque la dessiccation est suffisante, le bloc est replacé sur le tour et réduit à l'épaisseur voulue au moyen d'un petit couteau. L'ouvrier l'essuie alors avec un linge mouillé pour effacer les traces que ses mains ou le couteau pourraient y avoir laissées. En dernier lieu, il le recouvre au pinceau d'une légère couche de barbotine et l'introduit dans un four ordinairement en biscuit et parfois en gypse.

C'est après la première cuite que la porcelaine reçoit sa glaçure. Elle consiste en un mélange d'argile blanche étendue d'eau et de cendres du *Dystilium racemosum*. Pour opérer ce mélange, voici comment on procède : on prend deux vases, dans l'un desquels on place l'argile pulvérisée et dissoute dans de l'eau, tandis que dans l'autre on met la cendre dissoute de la même façon. On prend alors un morceau de biscuit, on le trempe dans l'une des deux dissolutions, et il s'imprègne ainsi d'un certain dépôt qui s'est formé à sa surface et qui a plus ou moins d'épaisseur. On répète ensuite l'opération dans l'autre dissolution, et, ceci fait, on s'assure, au moyen d'un couteau, de l'épaisseur respective des deux dépôts. Si la couche déposée est la même dans les deux cas, l'opérateur procède au mélange, en ayant soin, si le vert est la couleur qu'il veut, d'ajouter 40 0/0 d'oxyde de cobalt.

Le procédé pour obtenir les poudres qui servent à dorer ou argenter les porcelaines est le suivant : on frappe l'or ou l'argent, et on le réduit en feuilles excessivement minces qu'on transforme ensuite en poudre en les mêlant pendant sept jours avec de la poudre de plomb. Au moment de se servir de la poudre, on y ajoute de la colle forte et l'on broie de nouveau le mélange. Parfois, on emploie également le procédé que voici : on dissout dans 18 parties d'acide nitro-muriatique une partie d'or pur, et l'on ajoute 100 parties d'eau distillée. Qu'on verse ensuite dans cette dissolution du sulfate de fer liquéfié, l'or se réduit en poudre et se précipite. On laisse reposer; on enlève l'eau, on lave le dépôt à plusieurs reprises avec de l'eau tiède, puis deux ou trois fois avec de l'eau froide, et l'on fait enfin sécher la poudre pour la conserver. Au moment de s'en servir, on la mêle avec de la colle forte liquide. Les procédés employés pour la poudre d'argent sont identiques, si ce n'est que, au lieu de l'acide nitro-muriatique, on se sert de l'acide nitrique pur [1].

Et maintenant une question se pose : c'est celle de savoir si la céramique japonaise est en progrès ou bien si elle accuse au contraire un penchant à la décadence. Parlant du succès que « la délicatesse de leurs contours et leur beauté » valurent aux porcelaines d'Arita lors des expositions successives de Vienne et de Philadelphie, M. Maeda estime « qu'en présence d'efforts aussi soutenus, on peut prévoir, sans être accusé d'optimisme, des améliorations continuelles. » S'il ne fait allusion qu'à des améliorations purement matérielles, il peut bien avoir raison, et il est certain que les Japonais commencent à lutter, sur le terrain des émaux incrustés, avec les Chinois sur qui ils l'emportaient, sinon pour la transparence et l'homogénéité de la pâte, du moins pour la décoration des porcelaines, mais auxquels ils demeuraient

1. *Porcelaines et Faïences japonaises* (*Revue scientifique* du 22 juin 1878).

inférieurs en tout ce qui avait trait au procédé pur et à la patience seule. Mais, s'il est question du progrès artistique proprement dit, c'est autre chose, et, sans trop de pessimisme, il est possible de concevoir à cet endroit quelques inquiétudes.

Ainsi, les plats d'Hizen ne sont trop souvent aujourd'hui que le calque de modèles anglais d'un goût déplorable, et la nouvelle porcelaine de Satsuma est d'un décor un peu maigre comparativement à l'ancienne. Les artistes japonais semblent en voie de perdre le respect de leurs vieilles traditions nationales, et leur goût, jadis si sûr, si irréprochable, fléchit au contact de l'art exotique. Ils abusent des sujets trop minutieux, et on sent une fâcheuse réminiscence de l'Occident dans ces scènes où l'on voit, comme dans les dessins de Grandville, des moineaux et des tortues, revêtant des habits et des fonctions d'hommes, conduire en procession des locomotives. A cet art, il manquait l'idéal, mais il avait le style, et c'est assurément quelque chose; il ne faudrait pas qu'il le perdît et que le génie propre de la race japonaise abdiquât, sur ce terrain du moins, devant le génie des races européennes, et troquât son originalité contre une imitation, plus ou moins servile et toujours maladroite, de formes étrangères à ses habitudes et de sujets répugnant à ses instincts.

« Quel dommage, s'écrie à ce propos M. Bousquet, de voir l'imitation européenne gâter ces dons naturels, notre timidité de coloris succéder à cet heureux laisser-aller, le secret des belles nuances se perdre et la corruscation des anciennes porcelaines faire place à la tiédeur des nouvelles! » Il y a un souvenir de cette riche décoration dans les tapis en papier peint (classe 21 : *tapis, tapisseries et autres objets d'ameublement*) et dans les papiers chagrinés (classe 22 : *papiers peints*), qui sont venus de la province de Setsu, en compagnie des tapis en coton peluché d'Hizen, d'Osaka, d'Owari, d'Yédo et des tapis en *houtoï* (juncus) de Suruga. Ces produits ont du mérite; mais nous sommes avertis que les produits contemporains ne donnent pas une idée exacte de ce qu'était la vieille tapisserie japonaise, et l'on nous renvoie, pour bien en juger, aux tapisseries de Kioto, qu'on appelle des *fusha*, à certaine grande tapisserie qui représente la mort du Bouddha, aux paravents à fond d'or, aux soieries à ramages, voire aux papiers gaufrés imitant le cuir de Cordoue, dont on fait des blagues à tabac et dont il serait possible de faire aussi des tentures magnifiques, n'était l'odeur d'huile dont il est impossible de les désinfecter.

De temps immémorial, ce peuple a excellé dans le travail de l'or, de l'argent, du fer, de l'étain, du cuivre et des nombreux alliages que ce dernier métal comporte. Yédo a envoyé au Champ de Mars des vases à fleurs, des brûle-parfums, des boîtes à parfums en or et argent, des théières en argent, des coupes et des tasses à café en or; Kioto, des pots à thé en argent recouvert d'émail cloisonné, des pots en or et des tableaux en argent (classe 24 : *orfévrerie*). Tous ces objets témoignent de ces qualités d'exactitude et de précision qui sont l'apanage de l'artisan japonais, comme des habitudes de routine qu'il mêle aux jets d'une imagination vive et aux saillies d'une originalité naturelle. Mais le Japonais, s'il est habile joaillier, est encore un fondeur de bronze plus remarquable : il le cisèle, il l'incruste, il le nielle, il l'émaille et le cloisonne; il le vernit, il le laque avec une perfection rare, et les représentations de fleurs, d'oiseaux, d'insectes dont il le relève, ne révèlent pas moins que la porcelaine et le laque son talent inné de dessinateur.

Il le travaille tantôt au naturel, tantôt en le mélangeant d'or, ce qui forme le *shakoudo*, tantôt d'argent, ce qui donne le *sibouitsi*. Le métal fait preuve sous sa main d'une souplesse étonnante, et il en sort avec des tons qui frappent au premier aspect par leur clarté et leur éclat, tandis que dans les bronzes chinois la teinte imite la patène du temps. Ces bronzes japonais sont presque tous modelés à cire perdue et pétris avec les doigts. Quand le modèle, tourné et retourné, repris et modifié, est enfin achevé, on l'enduit d'une couche de terre glaise très-humide, puis on applique une terre plus consistante qui en prend exactement l'empreinte. Travail de minutie, de patience, qui prend plusieurs mois, qui ne peut être recommencé qu'au prix de peines infinies et qu'un accident, lors de la coulée du métal, peut néanmoins anéantir en un clin d'œil.

Pénétrons à ce moment formidable chez l'un des fondeurs les plus en renom, le vieil Otbara. « Dans une petite cuisine, un brasier contient les moules qui sèchent, tandis que le métal en fusion bouillonne dans le creuset, sur un fourneau en terre réfractaire actionné par un vieux soufflet à manche. Le vieil artisan, en costume de travail, se penche de temps à autre sur le fourneau, ajoutant tour à tour un peu de plomb, un peu de cuivre, un peu d'étain, — car il fait son alliage d'instinct et sans règle fixe, — tandis que l'un de ses fils manie le soufflet et que l'autre lui présente les outils dont il a besoin. On dirait un atelier d'alchimiste, et, pour compléter l'illusion, un entassement confus d'objets de toutes sortes, d'outils, de creusets, de vieux débris, de moules brisés, de modèles préparés, et, de temps à autre, l'antique moitié d'Otbara montrant sa tête de sorcière et s'agenouillant devant ses visiteurs pour leur présenter une tasse de thé.

« L'instant est solennel : on penche le bloc de terre glaise qui contient la précieuse cire au-dessus du brasier ; peu à peu la cire fond et tombe goutte à goutte ; plus rien ne reste qu'une empreinte vide que va remplir le métal. C'est toujours un moment d'émotion que celui où commence à frémir le bronze en fusion. Il faut si peu de chose pour faire manquer la coulée : un peu trop d'humidité ferait éclater le moule ; trop de chaleur ferait adhérer le métal.

« Les moules sont à mesure couverts de terre, afin de hâter le refroidissement ; le vieux Tubal-Caïn se repose un instant, entouré de ses fils. Comment ne pas partager ses anxiétés? Si la cire n'avait pas fondu tout entière? S'il allait manquer une griffe au dragon ou une anse au vase, si la glaise n'avait pas pris fidèlement l'empreinte, si le bronze s'était boursouflé? Mais non. Au bout de quelques minutes, le bronze est encore très-chaud, mais solide. Otbara peut démouler devant les curieux qu'il a convoqués. Voici que le moule de terre tombe sous le marteau, et à sa place apparaît un vase. Ce n'est d'abord qu'un bloc noir, presque informe; mais, dans quelques semaines de travail, il sera débarrassé de ses scories, gratté, poli et devenu, après quelques retouches, définitivement immortel. Il rappellera, par le fini et la vérité de ses détails, ces descriptions, si chères à Hésiode et à Homère, de boucliers antiques dus sans doute à un art aussi grossier [1]. »

On ne sait trop si les Japonais ont emprunté le traitement des métaux aux Coréens ou bien aux Chinois, bien que les brûle-parfums aient tous un galbe courtaud et ramassé qui semble bien accuser une origine chinoise, tandis que certains vases à fleurs ont des cambrures sveltes et une ampleur de forme que ne désavouerait point l'art grec. Ce sont les plus anciens, et on les reconnaît à la nudité de leurs parois. Les vases modernes sont, au contraire, surchargés de sujets en haut-relief d'un style tourmenté. La forme

---

1. *Le Japon de nos jours*, chap. XV.

elle-même a perdu de son ampleur, et les artistes d'Yédo s'attachent trop aux détails ; ils multiplient trop les accidents qui font ressortir la lumière, et sacrifient le caractère général de l'œuvre à certains effets brillants. Il y a là un piége pour la bronzerie japonaise. Qu'elle y prenne garde, *facilis descensus Averni :* elle est placée sur une pente très-glissante, et, s'il lui arrive de la descendre tout entière, elle s'apercevra qu'il n'est pas tant facile de la remonter.

Passons sur les cheminées en pierres volcaniques et les allumettes chimiques de la classe 27 (*appareils et procédés de chauffage*), ainsi que sur les poudres dentifrices de la classe 28 (*parfumerie*), et arrivons à la classe 29 (*maroquinerie, tabletterie, vannerie*). A côté de fleurs artificielles, de paniers à fleurs, de porte-cigares et autres objets en bambou, de paravents ordinaires, elle nous offre, sous forme de boîtes à gants ordinaires et de bonbonnières, d'écritoires, de porte-monnaie, de portefeuilles, de porte-cartes, de bibliothèques, d'étagères, de cannes, de parapluies, de coupes, de vases à fleurs, de services à thé, etc., etc., une foule de riens curieux et charmants. Pour la plupart, ces petits meubles sont des laques avec ou sans dessins, et parfois incrustés d'or. Il y a cependant des coffrets, des boîtes, des porte-cigares en écaille ou en ivoire, des boîtes en nacre incrustée d'or, des bibliothèques également en nacre, des bonbonnières en papier collé revêtu de laque, des porte-monnaie en fil de soie, des brûle-parfums en bois sculpté, des boîtes en coquillages, des boîtes à gants en tige de glycine, enfin de nombreux objets en bambou. On remarque encore de petites commodes, en un certain bois qu'on appelle *kiri* dans le pays, et qui sont recouvertes de paille, des ouvrages en sparterie, des selles et des étriers qui se sont glissés là on ne sait comment et que le Catalogue y a laissés, comme si la classe 63 ne concernait pas la sellerie et la bourrelerie.

Aussi bien les Japonais ne sont-ils pas, pour le dire en passant, un peuple équestre, et s'il coule du sang mongol dans leurs veines, ainsi que certaines analogies ethniques l'ont fait croire, ils ne ressemblent nullement sous ce rapport à leurs ancêtres du steppe. Ils se servent beaucoup du cheval, il est vrai, mais comme bête surtout de somme et de trait. Ce qui là-bas s'appelle une route n'est ordinairement qu'un sentier plus ou moins large, rarement praticable aux voitures, coupé d'énormes fossés, escaladant volontiers les côtes les plus abruptes et sur lequel le cavalier le plus habile risquerait à tout instant de se casser le cou. On a donc recours au cheval de bât, au vieux routier qui pose méthodiquement un pied l'un devant l'autre, qui se cale avant d'avancer et qui s'arc-boute sur ses jambes de derrière quand il se sent glisser.

GROUPE IV

TISSUS, VÊTEMENTS ET ACCESSOIRES.

Les cotonnades, les tissus de chanvre et de laine que montrent les classes 30, 31 et 32 ne nous arrêteront pas longtemps. Nous en dirons seulement que, fabriqués, comme ils l'ont été, par des procédés très-primitifs, ils témoignent une fois de plus de ce que l'ouvrier japonais est naturellement capable de faire par le seul secours de ses mains, de ses bras et de quelques mauvais engins. C'est d'ailleurs dans le sens de l'agriculture que le Japon doit développer sa nouvelle activité, et il fera bien de continuer, ainsi qu'il l'a fait jusqu'ici, de se pourvoir de cotonnades, soit en Angleterre, soit en Chine. Il paraît même que les Chinois font à cet égard une concurrence heureuse aux fabricants du Lancashire, et un homme compétent, M. Russell Robertson, consul à Kanagawa, les dépeignait, il y a quatre ans, comme tout à fait disposés, sur la moindre apparence de profit, à pourvoir Yokohama de toutes les marchandises qui peuvent s'écouler sur ce marché. Il paraîtrait cependant désirable que l'outillage européen vînt vivifier au Japon la fabrique des tissus de chanvre. Les Japonais font un grand usage des vêtements de cette sorte, et manufacturer ce textile est le seul moyen de l'utiliser, puisque leurs chanvres, qui sont très-beaux d'ailleurs, ne peuvent, à raison de leurs hauts prix, lutter sur le marché anglais avec les chanvres de Manille, si propres aux emplois les plus grossiers, tels que la confection des grosses cordes et des toiles à voiles.

On ne saurait qu'applaudir également aux efforts du gouvernement japonais pour perfectionner l'industrie de la soie, qui est si importante pour le pays et que représentent au Champ de Mars une foule de produits très-intéressants et très-variés : fils de soie grége, soies moulinées, rubans, foulards, satins unis ou brochés, failles, reps, popelines, canevas, armures, crêpes de Chine, tissus divers. C'est dans ce dessèin qu'ont été créées diverses filatures modèles, dont la plus importante est celle de Tomyaka, à quelques lieues d'Yédo, au milieu d'un centre séricicole des plus riches et des plus peuplés. Elle n'a pas coûté moins de 1,000,000 de francs pour sa construction, de 250,000 francs pour son outillage, et elle emploie 500 bassines, avec 500 ouvrières placées sous la surveillance de gouvernantes tant indigènes qu'européennes et sous la haute direction de M. Brunat, notre compatriote. Les résultats obtenus ont été excellents, et, à cette heure, les soies de Tomyaka sont cotées sur le marché de Lyon au même prix que les meilleures soies françaises; mais ils ont coûté au trésor japonais des sacrifices considérables et qu'une plus grande docilité aux conseils de M. Brunat lui-même lui aurait en partie épargnés.

M. Robertson, dont il était question tout à l'heure, est entré dans des détails fort intéressants sur la façon dont les producteurs japonais préparent les soies qu'ils expédient au dehors. Les cocons, nous dit-il, leur servent à deux fins : la reproduction du ver et l'extraction de la soie. Pour la première, ils conservent la chrysalide du ver à soie et prennent bien soin de placer les cocons dans un local convenable. S'agit-il d'obtenir la soie des cocons, ils font sécher ceux-ci au soleil. Cette exposition répétée deux ou trois fois suffit à la destruction de la chrysalide. Ce mode de séchage est le plus fréquent; néanmoins, on recourt à la chaleur artificielle ou bien à la vapeur d'eau. En tout cas, instruits par l'expérience, les Japonais se gardent bien de prolonger cette opération trop longtemps; au bout de deux jours, les cocons sont soumis à l'action dissolvante de l'eau fraîche. Du moins, c'est ce qui se pratique quand on a chargé le soleil de leur séchage. Lorsqu'on emploie la vapeur, on dépose les cocons, avec deux ou trois feuilles de mûrier, dans un récipient de forme spéciale, qu'on recouvre luimême d'une enveloppe de fort papier, et le tout se place sur un chaudron rempli d'eau bouillante. Dès que les feuilles de mûrier ont changé de couleur, on peut regarder la chrysalide comme détruite. On se sert encore à cet effet d'une large boîte pourvue de tiroirs ou rayons, qui se met sur le feu. Le fond de chacun d'eux est garni d'une couche de papier fort sur laquelle gisent les cocons et aussi de quelques feuilles de mûrier. Quand ces feuilles se pulvérisent au toucher, le but de l'opération est atteint.

L'eau dans laquelle les cocons sont immergés avant qu'on en retire la soie doit être aussi pure que possible ; pour plus de sûreté, généralement on la filtre, afin de bien la dégager de la boue ou des autres substances hétérogènes qu'elle pourrait tenir en suspension et qui influeraient d'une façon fâcheuse sur le poids du fil ou son lustre naturel.

La soie est dévidée soit à la main, soit à la mécanique ; le dernier de ces procédés est d'introduction récente, et le premier, dont l'usage est immémorial conserve la faveur générale. Les Japonais prétendent qu'il est plus favorable à la finesse et à la pureté du fil. Toujours est-il qu'il exige une grande dextérité manuelle, surtout quand il se prolonge un certain laps de temps. Il est également certain que les soies extraites des cocons par voie mécanique obtiennent une préférence marquée et des prix fort supérieurs sur le marché de Yokohama. Ce genre de dévidage se pratique aujourd'hui en grand dans l'établissement de Tomioka, ainsi que dans d'autres usines situées à Yédo et dans quelques autres localités encore.

L'éducation des vers à soie préoccupe depuis longtemps les Japonais, et ils l'ont portée à un grand point de perfection. L'époque de l'année où ils l'entreprennent, varie dans les diverses parties du pays selon les accidents de la température elle-même. Là où cette température est à peu près constante, les cartons d'œufs sont, au mois d'avril, suspendus dans un coin retiré et silencieux de la maison. Au bout de vingt-deux ou vingt-trois jours, les vers commencent à apparaître ; on ne les perd pas de vue, et l'on transporte alors les cartons, après les avoir recouverts de papier, sur un plateau. Chaque matin, on les examine, et chaque matin aussi, à l'aide d'un plumeau, on les fait passer sur une autre feuille de papier. Comme nourriture, on leur donne des feuilles de mûrier, bien détachées de leur partie fibreuse et bien triées, que l'on mêle à du son de maïs. On continue ces soins pendant trois jours. Ce temps écoulé, les vers sont tout à fait éclos, et on les transporte sur une natte avec le plateau et le papier sur lesquels ils reposent. On leur donne à manger cinq fois par jour ; au bout de trois autres jours, on les dépose sur la natte elle-même, et cette phase de l'opération s'appelle en langue japonaise le *kami-nuki*.

En général, dix jours s'écoulent avant que les vers tombent dans leur premier sommeil. Dès que le moment paraît proche, on répand sur eux du son de maïs, on les recouvre d'un filet, et l'on met à leur portée des feuilles de mûrier. Quand ils sont attachés à ces feuilles, on les fait passer sur un nouveau plateau et sur une nouvelle natte. Quand ils sortent de ce premier sommeil, on les recouvre de son de riz et on les entoure encore d'un nouveau filet, ce que l'on continue de faire à l'occasion de leur second, de leur troisième, de leur quatrième sommeil. On doit avoir, pendant ces diverses périodes, le plus grand soin de les maintenir en état de propreté parfait : la moindre négligence à cet égard est punie de la mort des vers. La nourriture, de même, exige beaucoup d'attention ; il faut qu'elle ne soit ni trop maigre ni trop abondante.

Leur quatrième sommeil accompli, les vers ont atteint tout leur développement, et on cesse de les nourrir en commun. Dès qu'on s'aperçoit qu'ils cherchent une place pour filer, on les trie et on place les meilleurs sujets sur le *nabushi*, ainsi qu'on appelle une sorte de paillasson ou treillis de petites branches d'arbre. Trois jours suffisent aux vers pour filer leurs cocons. On a déjà dit comment on traitait ceux dont on veut retirer de la soie. Quant à ceux que l'on conserve pour les œufs, on les range sur des plateaux. Au bout de treize ou quatorze jours, la chrysalide s'est transformée en papillon. Mâles et femelles sont alors accouplés et placés sur un carton qui enveloppe un cadre de bois huilé ou verni afin d'empêcher leur sortie. Après quelques heures, une douzaine environ, le carton est couvert d'œufs.

Le Japon, ajoute M. Russell Roberston, renferme plusieurs variétés de mûriers. Les terrains bien exposés, bien ouverts et à la portée d'un cours d'eau, sont ceux qui conviennent le mieux à la plantation de ces arbres ; on draine toujours le terrain avec un grand soin. Les variétés les plus estimées sont l'*ichibei* (hâtive), le *yotsu-me* et l'*awo-jiku* (tardives). Quant aux œufs, les meilleurs passent pour venir des provinces de Dewa, d'Oshiu, de Shinshiu, de Jôshiu ; ces mêmes provinces ont aussi la réputation de produire la plus belle soie.

Nous retrouvons la soie dans la classe suivante, sous la forme de châles en soie ou de châles en crêpe de Chine, ainsi que dans la classe 35, sous celle de satins brodés et de tableaux en soie. La classe 37, qui concerne la bonneterie, la lingerie et les accessoires de vêtement, offre des flanelles, des cache-nez, des mouchoirs, des ceintures, des cannes ordinaires et des cannes à épée, des cravaches et des éventails. Parmi ceux-ci, il y en a dont les lamelles sont en bois foncé et d'autres où elles sont en ivoire. L'éventail brisé est une invention japonaise. Les autres peuples n'avaient connu que l'éventail rigide, formé tantôt de plumes d'oiseau, tantôt d'une feuille de palmier, soit encore d'un tissu ou d'un papier tendu sur un cerceau. Les Japonais eux nous ont donné l'éventail qui se plie et qui s'ouvre, dont l'idée leur fut suggérée, raconte-t-on, par la structure des ailes de la chauve-souris.

Dans la classe 38, qui est celle de l'habillement des deux sexes, on rencontre, à côté de chaussures et de robes de chambre en crêpe de Chine, des objets en vérité fort inattendus et dont on peut donner à deviner le nom en mille : on y rencontre des perruques! Voilà de quoi faire rêver le lecteur et nous aussi. Les Japonais, qu'un gouvernement trop réformateur a privés de leur *queue de cochon*, songeraient-ils à la remplacer par cette chevelure artificielle qui fait si bien sur les portraits de nos grands hommes du xviie siècle, mais qui de leur vivant devait leur paraître assez gênante, quand ils remuaient la tête ou quand ils éternuaient? C'est un mystère, à moins qu'il ne s'agisse pourtant de perruques pour les acteurs. M. Bousquet nous apprend, en effet, que sur la scène japonaise il ne paraît jamais de femmes, et que les acteurs, bien que privés du masque des Grecs, réussissent, pour les yeux du moins, à faire illusion sur leur sexe, grâce à l'ampleur de leurs vêtements et au *développement de leur coiffure*, qui dissimulent les formes et adoucissent les traits

Ce peuple aime tellement le théâtre, qu'il se presse, qu'il se foule à des représentations scéniques qui commencent à six heures du matin pour ne finir qu'à huit heures du soir et qui, pour certaines pièces, se prolongent pendant trois jours. A peine le soleil est-il levé, qu'à l'appel du tambourin une foule nombreuse et bigarrée assiège les guichets : ce sont des marchands qui pour ce jour-là ont fermé boutique, des passants qui viennent avant de rentrer chez eux laisser là une partie du montant de quelque vente de la veille, de petits fonctionnaires en rupture de bureau, des artisans, des bateliers, des portefaix, plus soucieux du plaisir du jour que de la gêne du lendemain. Il va sans dire que les femmes abondent, et ce n'est pas cependant une petite affaire que celle de leur toilette en pareille occasion. Il a fallu la veille appeler la coiffeuse, et dormir le cou posé sur le billot de bois qui s'appelle un *makura*, afin de ne pas détruire le savant échafaudage qu'elle a édifié. Il a fallu encore se lever bien avant la pointe du jour, et, les soins ordinaires de toilette accomplis, se badigeonner le cou, les épaules, la poitrine, les bras d'un lait d'amidon qui produit de loin, mais de très-loin seulement, l'illusion de cette peau blanche que ces filles d'Ève prisent tant ; foncer ses sourcils au moyen d'un crayon noir et passer sur ses lèvres une mince couche d'or qui, au bout de quelques heures, prend la teinte du vermillon ; endosser plusieurs robes superposées, échancrées à la gorge, et s'enrouler enfin dans l'*obi*, cette ceinture de soie large de quarante centimètres et longue de quatre mètres qui enserre la taille et se noue en arrière par une rosette gigantesque.

En décrivant ainsi la toilette d'une *belle* Japonaise, M. Bousquet oublie les bijoux ; mais l'énonciation n'est point limitative, comme on dit en style judiciaire, et certainement cette belle ne manque pas, en un tel jour, de se couvrir de tout ce que ses coffrets peuvent bien recéler. Elle se pare de ses boucles d'oreilles, de ses colliers, de ses croix, de ses médaillons, de ses bracelets et de ses bagues, tous objets qui s'étalent dans les vitrines du Champ de Mars et que nos Françaises ne laissent pas d'admirer, en les convoitant peut-être. Il y en a en or, comme il y en a aussi en cuivre jaune pour les petites gens et les petites bourses; il y en a d'unis et d'autres qui sont incrustés de cristal, noir ou blanc. Ce cristal sert aussi à encadrer des albums, comme le montrent les spécimens exposés au Champ de Mars et qui sont destinés à renfermer des photographies. On le travaille encore sous diverses formes, et on se sert des pierres précieuses, telles que les grenats, pour orner les encriers de luxe, tandis qu'on creuse les agates en coupes.

Que le grave lecteur ne se scandalise pas trop du grand attrait qu'ont pour les femmes japonaises non-seulement le théâtre, mais encore les fêtes et les divertissements publics de toute sorte, et qu'il leur pardonne de se passionner pour la toilette, en songeant à trois choses : c'est qu'elles sont femmes d'abord, que leur éducation est fort négligée, et que leur intérieur est fort maussade. Lire et écrire les caractères vulgaires, jouer de la guitare et du *koto*, sorte de harpe à treize cordes qui produit les plus beaux sons de tout l'orchestre japonais, danser quelques pantomimes et arranger des fleurs avec goût, telles sont les connaissances qui, aux yeux des Japonais, suffisent pour constituer une jeune fille accomplie. Devenue épouse, son mari la traite avec douceur, mais il la tient à distance; il ne l'admet ni dans sa confiance ni dans ses affaires, et la réduit au rôle d'une première servante. Une fois mère, elle obtient le droit, fort apprécié d'elle, de se raser les sourcils et de se laquer les dents en noir. A vingt-cinq ou vingt-huit ans, c'est déjà une créature vieille, usée, flétrie ; elle ne peut plus prétendre pour son compte aux joies de la maternité, et un usage aussi étrange qu'immoral la charge de présenter à son seigneur et maître la *mékaké*, c'est-à-dire la favorite qui doit la remplacer dans le lit nuptial.

Nous parlions tout à l'heure de la guitare et du koto comme de deux instruments de musique fort goûtés des Japonais. Ils se servent aussi du *wangong*, autre harpe à six cordes, ainsi que de flûtes de diverses sortes et de plusieurs instruments en métal à percussion. Par malheur, les principes de la phonologie japonaise sont d'une espèce toute particulière, et rien ne saurait rendre, au témoignage de ceux qui ont entendu un orchestre japonais, « la sensation ner-
« veuse que produit ce long gémissement, compa-
« rable à celui d'une horde en larmes, se perpé-
« tuant, pendant des heures entières, avec de rares in-
« flexions. » Est-ce la conscience de cette barbarie musicale qui a empêché les fils de la terre du Soleil levant d'exhiber au Champ de Mars aucun instrument musical ? Ils s'attribuent toutefois l'invention de la musique, qu'ils rapportent à l'an 665 avant Jésus-Christ et dont ils font honneur à l'un des compagnons de Jimmu Moto, qui, ayant lié six arcs ensemble, eut l'idée d'en frapper les cordes et en tira des sons délicieux.

S'ils n'ont pas exposé, pour une cause ou pour une autre, d'instruments de musique, ils ont fait montre de leurs sabres, dont les lames d'acier sont d'une trempe si excellente et dont les gardes ressemblent à des bas-reliefs, tant les métaux y sont assouplis, opposés avec un art à la fois puissant et exquis. Ces sabres sont d'ailleurs des sabres anciens ; il paraît en effet que le secret de cette fabrication est perdu dans le pays, pour les lames du moins, car les gardes nouvelles égalent les anciennes. Jadis le port du sabre était la marque distinctive de toute personne noble ou suivant la suite d'une personne noble, et jamais un Samuraï ne paraissait dans la rue qu'armé de deux sabres passés dans la ceinture de soie qui serrait sa robe. Aujourd'hui, il vit à la campagne de la modeste pension que lui fait le gouvernement, ou bien il exerce quelque emploi dans un ministère. La loi l'a dépouillé de son double sabre, qu'il remplace par un prosaïque parapluie d'alpaga. A son *hakama*, ou pantalon en forme de jupe, a succédé un pantalon à pied ; à son manteau de soie ou de crêpe aux manches flottantes, un pardessus étriqué ; à sa sandale en bois, *getta*, des bottines qui lui meurtrissent les pieds. Il porte des faux cols en papier et se sert d'une de nos serviettes pelucheuses comme d'un cache-nez.

Ce travestissement désole les amateurs du pittoresque, mais il ne déplaît point aux amis de la paix publique. Il n'est point facile de glisser deux longs sabres dans la ceinture d'un pantalon ou de les dissimuler sous les pans d'une redingote, et se figure-t-on bien, comme dit M. Bousquet, un individu coiffé d'un gibus et couvert d'un macfarlane, qui brandirait au bout d'une épée la tête de son ennemi?

La classe 41 (*objets de voyage et de campement*) offre des sacs de voyage en une sorte de cuir qu'on appelle *himézigava*, et la classe 42 (*bimbeloterie*) une foule de poupées et de jouets de diverses sortes. Suivant le mot de sir Rutherford Alcock, le Japon est le paradis des enfants. Ils croissent, dès leur plus jeune âge, en toute liberté de mouvements ; ils font à peu près ce qu'ils veulent, et le célèbre proverbe : *Qui bene amat bene castigat*, n'est nullement en honneur dans les intérieurs japonais. Les mères les comblent de friandises, et les pères ne savent pas leur refuser un jouet. Les rues sont pleines, aux abords surtout des temples, de joujoux, de colifichets, de sucrerie à leur usage. Devant la porte des maisons, ceux du peuple jouent à la raquette et font manœuvrer des cerfs-volants; ils vaguent en pleine liberté sur la voie publique et se glissent continuellement entre les jambes ou sous les pieds des chevaux.

Il n'est pas de spectacle public auquel les parents ne traînent leurs enfants, juchés sur leurs épaules ou casés dans leurs djirinshas. Deux des grandes fêtes de l'année leur sont consacrées; l'une est instituée en l'honneur des filles, l'autre en l'honneur des garçons. Lors de la première, toutes les boutiques se remplissent de poupées coquettement habillées et de petits ménages. A l'époque de la seconde, chaque citoyen auquel un fils est né pendant l'année écoulée hisse devant sa porte au sommet d'une immense perche un *mobori* ou poisson de papier. Le poisson figuré est la carpe, qui remonte les torrents d'un coup de queue vigoureux : elle symbolise ici l'énergie que l'on souhaite au nouveau-né dans toutes les traverses de sa carrière future.

GROUPE V

INDUSTRIE EXTRACTIVE : PRODUITS BRUTS ET OUVRÉS.

Le bureau du ministère des travaux publics qui s'occupe spécialement des mines a exposé une collection complète des produits du sous-sol japonais (classe 43 : *produits de l'exploitation des mines et de la métallurgie*). On y voit figurer des minerais d'or et d'or argentifère, des minerais d'argent, des minerais de cuivre argentifère, des pyrites de cuivre arsenical, des carbonates de cuivre et de cuivre sulfuré, des pyrites de fer, des magnétites et des hématites, des galènes, des graphites, des minerais d'étain, du mercure, du jaspe, du cobalt, des roches de cristal, des agates, des quartz, des grenats, du kaolin, de l'ambre, du soufre natif, des houilles, des lignites. D'autre part, sont venus de l'antimoine et des minerais d'antimoine, des poudres d'or, des minerais de plomb et de cuivre, du sulfure de mercure et des mercures-topazes, du spath d'Islande, des pierres ponces.

Parmi les produits des exploitations et des industries forestières, on remarque des *nori*, sorte de plantes marines, des spécimens de divers bois, entre autres d'une variété de bambou appelée *kantikou*, des spécimens de plantes utiles et des écorces tinctoriales. Nous dirons à ce propos que les Japonais sont d'admirables teinturiers, ainsi qu'en témoignent leurs ceintures de femmes et les carrés de tissu dont ils se servent pour envelopper les cadeaux qu'ils envoient à quelque ami ou à quelque fonctionnaire. Nous ajouterons que la flore de leur pays est très-riche. Il est couvert du nord au sud de bois de construction, parmi lesquels les conifères et les arbres à feuillage persistant dominent, et, selon les consciencieuses recherches du savant docteur Savattier, on y trouve la moitié des dicotylédones existant sur le globe. Le bambou est aussi commun qu'en Chine, et il n'y est pas moins utilisé pour une foule de besoins de la vie quotidienne.

Les Japonais étaient originairement un peuple de pêcheurs, et aujourd'hui encore la classe des mariniers se distingue physiquement et moralement chez eux de la classe agricole. L'une est petite, trapue, vigoureuse, tandis que l'autre est d'une stature plus élevée et rappelle davantage le type mongol. Le marinier fait aussi preuve d'un caractère plus indépendant et plus ouvert que celui du paysan, bien que ce dernier soit affable et très-hospitalier. A mesure qu'on avance vers le nord du Japon, la culture disparaît presque : c'est à la pêche que les habitants demandent leur subsistance, et les Aïnos de l'île de Yéso sont exclusivement pêcheurs et chasseurs. Le littoral est seul habité : des jonques tirées sur le rivage et couvertes d'un toit de chaume, et d'autres à l'ancre en dehors des brisants, des bateaux plats tout près du bord, quelques cabanes en bois ou en branchages, tel est l'aspect de chaque bourgade. La saison venue, tous les hommes partent pour la pêche du hareng et du saumon, ou pour la récolte du chou de mer, si connu, dans le commerce de l'extrême Orient, sous son nom anglais de *sea weed*. Le saumon ou le hareng est salé et le chou de mer séché. On fait ensuite de ses longues lanières brunes des balles que des jonques reçoivent et transportent dans les ports méridionaux de la Chine, où le produit se transforme en une gelée dont les gourmets du Céleste Empire sont très-friands.

Des éperviers, des filets, des sennes représentent les engins et les instruments de pêche; de l'huile de foie de morue, les produits de la pêche; des bois de cerf, les produits de la chasse. Les engins de chasse sont absents. On aurait pu y faire figurer, au profit de notre curiosité, les arcs et les flèches des Aïnos, que nous avons eu l'occasion de décrire plus haut. Ils s'en servent, en effet, principalement pour chasser l'ours, dont la chair et les fourrures sont une de leurs principales ressources. On ne voit aucune de ces fourrures dans les galeries japonaises, qui exhibent seulement des peaux de cerf, des peaux de loutre, des peaux de martre, des peaux de renards rouges, noirs, bigarrés. Mais ces peaux ayant reçu un certain apprêt, le Catalogue les a classées avec les cuirs naturels ou teints, dans une autre classe, celle des *cuirs et peaux* (classe 49).

Dans la classe des produits agricoles non alimentaires et celle des produits chimiques et pharmaceutiques (classe 46 et classe 47) figurent de l'indigo en morceau ou en poudre, de la cire brute et de la cire préparée, des huiles et des cires végétales, du tabac en feuilles, des cigares et des chanvres. A l'état sauvage, le chanvre se montre partout au Japon; mais c'est surtout dans les parties septentrionales que l'on donne les plus grands soins à sa culture comme à sa préparation. On en distingue trois variétés, l'*akagin*, le *shiragin*, le *shirappa*, cette dernière se faisant remarquer par une feuille beaucoup plus blanche. La plante, au lieu d'être annuelle, comme notre espèce commune, serait vivace, suivant M. R. Robertson, et se reproduirait au moyen de rejetons tirés de ses propres racines. L'époque la plus favorable pour planter ces rejetons est l'automne. On les espace de trois pieds en trois pieds, et on a soin de purger le terrain des mauvaises herbes et des plantes grimpantes. Les bons plants poussent très-droit et n'ont qu'un petit nombre de feuilles espacées d'une façon régulière; les plants inférieurs offrent une tige tordue et une grande abondance de feuilles. Les uns et les autres atteignent une hauteur de six pieds et ne sont utilisables qu'après une croissance de trois années.

Une autorité locale rapporte à l'année 1605 l'introduction du tabac au Japon. Le territoire de Nagasaki vit ses premières plantations, et sa culture s'est depuis répandue dans l'Archipel tout entier. Les plants appartiennent à diverses variétés, mais principalement à la *nicotiane tabac*, que l'on appelle aussi tabac mâle ou commun, et à la nicotiane rustique. Dans certaines provinces, les semailles ont lieu vers le milieu de l'automne, et au printemps qui suit la plante est transplantée, tandis que dans la province d'Awa, où cette culture est fort développée, c'est au printemps que l'ensemencement se place. Un fumier d'étable bien épuré est répandu sur le sol, et au bout de vingt jours les plants commencent à surgir de terre : l'engrais solide est alors enlevé et remplacé par une fumure liquide. Si les plants se trouvent trop pressés les uns contre les autres, on les éclaircit ; les plus beaux sont alors transplantés sur un autre terrain, également préparé à l'avance et découpé en plates-bandes que séparent des sillons larges chacun de deux pieds. On les arrose avec de la lie d'huile à diverses reprises et de sept jours en sept jours. Enfin, on recouvre les sillons de son soit de froment, soit de maïs.

Quand les fleurs du plant se sont revêtues d'une teinte brillante, on arrache les feuilles les plus voisines de la racine ; mais le tabac ainsi obtenu, et qui s'appelle tabac de premières feuilles, demeure inférieur à celui de la deuxième cueillette, qui a lieu quinze jours plus tard. Les feuilles une fois recueillies, on les dispose en couches régulières, en les recouvrant de paillassons que l'on retire après une couple de jours. Puis on les lie deux à deux ou trois à trois par leurs tiges, et on les suspend à une corde tendue dans une chambre remplie de fumée. Après y être restées une quinzaine de jours, elles sont successivement exposées au soleil pendant quarant-huit ou soixante-douze heures et à la rosée pendant deux nuits. Les feuilles sont alors lissées, disposées en tas, comprimées sous des planches et emmagasinées dans une chambre noire.

Le hachage des feuilles s'opère tantôt à la main, ce qui est le mode le plus usité, tantôt à l'aide d'une machine dont la charpente est en bois dur, mais dont les parties essentielles sont en fer. Elle fut inventée, il y a quelque soixante ans, par un artisan d'Yédo qui en emprunta l'idée aux appareils dont on se sert à Kioto et à Osaka pour couper le fil employé à la confection des broderies de soie. Elle a reçu de nombreux perfectionnements et rend les meilleurs services. Une autre machine plus petite et tout à fait commode est aussi fort employée : c'est également l'œuvre d'un artisan de Yédo, qui l'inventa il y a une quinzaine d'années. L'opération du hachage se fait parfois d'une façon plus primitive : les feuilles sont entassées et pressées les unes contre les autres, de façon à former par leur adhérence ce que les manufactures françaises appellent une *carotte*. Ces feuilles sont découpées en très-petits copeaux à l'aide d'un rabot de menuisier ; mais les tabacs ainsi manipulés perdent leur force et leur arome, fussent-ils de première qualité.

Divers arbres, parmi lesquels l'arbre à laque, produisent de la cire végétale. Voici le procédé pour l'extraire. Vers la fin de l'automne, les arbres sont ébranchés et leurs rameaux portés au logis chargés de leurs fruits. On brise ces fruits dans un pilon, et on les secoue dans un crible afin de séparer les graines de l'enveveloppe, laquelle fournit la cire. Pour l'exprimer, on se sert de divers moyens, qui diffèrent peu en somme et dont le procédé usité dans les provinces de Sendaï et d'Aïdzu suffira pour donner une idée sommaire. Sur un chaudron en fer rempli d'huile bouillante, on dispose un treillage en bois et on le recouvre de paille; les enveloppes du fruit sont alors placées sur cette paille, chauffées à la vapeur, puis empilées dans des sacs de chanvre que l'on place à leur tour sur les chaudrons. Cette seconde préparation terminée, les sacs sont enfermés dans des auges de bois dans lesquelles on force des coins ou des billots à grands coups de maillet. Une ouverture au fond de l'auge livre passage à la cire : on ajoute à celle-ci un peu d'huile, on la soumet à un nouveau chauffage, et elle se trouve désormais propre aux usages domestiques ou commerciaux.

La cire d'abeille donne moins de peine à préparer. Dès que le miel a été retiré des rayons, on plonge ceux-ci dans l'huile bouillante : ils se dissolvent, et leurs parties les plus légères remontent à la surface. A l'aide d'un appareil en fil de fer, on y ramène également la cire : elle est alors recueillie et jetée dans une eau froide, où elle durcit promptement. On lui fait subir une seconde fusion; après quoi on la renferme dans des moules qui lui impriment la forme sous laquelle elle est vendue.

C'est l'indigo qui fournit la matière de ces bleus foncés, couleur ordinaire et presque unique des vêtements de ville japonais. Le grand centre de la teinturerie japonaise est à Ki-Riu, ville du Nippon, qui est en même temps pour la fabrique de la soie ce qu'est Lyon en France, toutes proportions gardées. Il n'y faut point chercher toutefois les hauts fourneaux de quinze mètres de nos cités manufacturières, ni les quatre ou cinq cents ouvriers qu'à un coup de cloche nos usines vomissent. Une roue de bois à palettes qui tourne paresseusement au gré du cours d'un ruisseau, voilà le moteur; des bobines disposées autour d'un cercle de bois horizontal sur lesquelles s'enroule la soie grége, des fils qui vont se réunir au centre et se tordent ensemble au moyen d'un mouvement de va-et-vient que l'ouvrier imprime au cercle en pressant du pied une pédale, voilà tout l'atelier de moulinage pour la fabrication de la trame et de l'organsin. Comme on ignore l'usage des cartons qui permettent de faire à l'envers un dessin fort compliqué, il faut deux personnes pour une pièce à ramages, l'une faisant courir la navette destinée au fond, l'autre celle du dessin. Pour l'uni, l'on emploie un métier exactement semblable au métier à la Jacquard, et le *clac-clac* qui retentit, sur les bords de la Sarthe et de l'Orne, se fait aussi entendre de toutes parts à Ki-Riu [1].

La province d'Isé a envoyé des échantillons d'opium, à titre de produit pharmaceutique. C'est à merveille; si les Japonais se contentent de cultiver cette substance comme remède. Il est très-précieux par la propriété qu'il possède non-seulement de calmer les douleurs physiques les plus aiguës, mais aussi de soulager certaines affections de l'âme même, quoique, employé sous cette seule forme, l'extrait d'opium ne soit pas toujours inoffensif. Thomas de Quincey, le célèbre *essayist* anglais, ressentait à dix-neuf ans d'intolérables douleurs névralgiques. Un étudiant en médecine, de ses amis lui conseille l'opium; il s'en procure, et il arrive graduellement, à ce qu'il nous assure lui-même, à en absorber jusqu'à trois cent quarante grains par jour, soit huit mille gouttes de laudanum. Il tombe alors dans les rêves les plus étranges : ses nuits se peuplent de masques hideux et de monstres fantastiques, de serpents, de chimères, de crocodiles qui le guettent et qui l'attirent. L'opium, il est vrai, n'eut pas sur Thomas de Quincey le désastreux effet qui lui appartient d'ordinaire, celui d'hébéter ses fumeurs. On a même écrit que la drogue stimulait ses facultés et que son absorption était indispensable au jeu de son imagination puissante. Elle l'était *devenue*, peut-être; mais il est bien permis de

---

1. *Le Japon de nos jours*, chap. VIII.

croire que la nature avait assez généreusement traité de Quincey pour qu'un tel adjuvant ne lui fût nullement nécessaire, et que l'opium explique certains côtés nébuleux de son talent, de même que certaines bizarreries de sa façon d'être.

GROUPE VI

OUTILLAGE ET PROCÉDÉS DES INDUSTRIES MÉCANIQUES

Nous ne trouvons guère à citer dans ce groupe que les caractères mobiles et les moules à clicher de la classe 60 (*matériel et procédés de la papeterie, de la peinture et des impressions*); les modèles de portes et de maisons de la classe 66 (*matériel et procédés du génie civil, des travaux publics et de l'architecture*); les cordages, les poulies et le modèle de navire de guerre construit sur les chantiers d'Yokoska.

Notre intention n'est pas de revenir sur les caractères généraux de l'architecture japonaise tels qu'ils ont été définis plus haut. Ils se retrouvent dans la construction de ces *yashki*, ou maisons privées, dont les modèles sont au Champ de Mars et dont les dimensions, comme le luxe intérieur, se règlent suivant le rang de leurs propriétaires. Pour toutes, c'est le même plan général, la même façade, la même toiture, le même auvent à la courbe pittoresque et gracieuse qui surplombe la porte et la protége. Les murs ne sont autre chose que des châssis mobiles glissant dans des coulisses, et les séparations intérieures ne consistent qu'en cloisons de papier, sauf sur un seul côté, où ces cloisons se composent d'un torchis. Le seul ornement de cette nudité, c'est le *toka-noma*, petit réduit à deux compartiments placé contre l'unique mur solide et comprenant, d'un côté, un vaste panneau encadré dans la menuiserie, où le maître du logis accroche sa peinture favorite, et de l'autre, une étagère à trois planches avec un placard. Pour se chauffer pendant les quatre mois d'un hiver assez rigoureux, l'habitant du yashki n'a d'autre ressource qu'un brasier mobile, le *chibatchi*, rempli de charbons de cerisier incandescents, et cela ne contribue point à rendre confortables des demeures où déjà les domestiques vous espionnent ou vous gênent.

Le navire de guerre dont le modèle est exposé a été construit sur les derniers types européens et sort des chantiers de Yokoska, ou plus correctement Yokoçauka, arsenal maritime dû, on l'a déjà dit, à notre compatriote M. l'ingénieur Verny, et dirigé par des ingénieurs européens ayant sous leurs ordres des contre-maîtres français ou anglais. La vive et prompte intelligence des ouvriers indigènes s'est vite appropriée nos méthodes de construction navale, et vraiment le *Ziu-Rio-Kuan* du Champ de Mars a fort bon air. Voilà donc les Japonais en état de se créer une flotte, en tant qu'elle ne se composera que de bois, de fer, d'agrès, et il ne leur est pas difficile de se procurer en Angleterre d'excellentes machines. Mais tout cela, bois, fer, agrès, machines, coûte beaucoup d'argent, et, comme le militaire autrichien de l'opéra-comique, le Japon n'est pas riche. Puis ce n'est point assez pour constituer une marine : il y faut encore de bons matelots et surtout de bons officiers. La pépinière des premiers se trouve dans ces hardis marins qui ne craignent pas d'affronter par de gros temps, dans des barques non pontées, les écueils et les caprices de la Méditerranée japonaise ; mais la formation d'un corps d'officiers de mer tels qu'en possèdent la France et l'Angleterre, instruits, savants même et joignant la théorie à la pratique, est une œuvre ardue et dont le temps, un long temps est l'indispensable auxiliaire.

GROUPE VII

PRODUITS ALIMENTAIRES.

Des voyageurs ont dépeint l'agriculture japonaise comme très-avancée et très-florissante, tandis que d'autres parlent de l'esprit routinier qui y préside et la montrent enfermée dans un cercle beaucoup trop étroit. La vérité semble plutôt du côté de ceux-ci. Du blé, du riz, des légumes, voilà, en effet, tout ce que produit cette agriculture ; point de troupeaux, point de pâturages, et c'est tout au plus si l'on élève quelques volailles. Les vignes abondent, et de leurs fruits on ne tire que des confitures. Pour remédier à cet état de choses, il ne suffira point que le gouvernement continue des tentatives tantôt bien avisées, comme les défrichements qui ont couvert les plateaux au nord-est de Yedo de villages et de récoltes, tantôt absurdes, comme la ferme-école de Nanaï, près d'Hakodaté, au milieu d'un pays aussi désert que stérile. Il sera nécessaire que les capitaux accourent, et ils n'accourront point tant qu'une complète sécurité ne leur sera point acquise et que le gouvernement continuera d'être lui-même un entrepreneur d'agriculture et d'industrie.

Le grand obstacle à une extension de cette agriculture par les soins des paysans eux-mêmes, c'est leur préférence décidée pour la culture du riz, et toute amélioration échouerait devant leur attachement aux vieilles méthodes, qui est telle que la production de leur graminée favorite n'a point augmenté, depuis le temps d'Hiéyas, d'un million de koku, soit de 600,000 hectolitres. Les variétés de riz que l'on cultive au Japon sont d'ailleurs fort nombreuses : M. Russell Robertson en dénomme une dizaine, les plus importantes, ajoute-t-il, et il décrit les procédés de culture et de récolte dont ils sont l'objet.

Avant de semer en terre les grains de riz, on les plonge dans l'eau, renfermés dans les sacs qui les contiennent. Cette immersion dure dix, quinze, vingt jours, selon qu'on se propose une récolte hâtive, intermédiaire, tardive. L'immersion terminée, les sacs sont retirés, arrosés d'eau chaude et recouverts de paille dans le dessein de favoriser la germination. Quelquefois, on vide les sacs, et l'on fait sécher les grains au grand air, pendant deux ou trois jours, en ayant soin de les remuer fréquemment. Les semailles ont lieu avant le complet achèvement de la germination et se placent généralement entre le milieu de février et la fin d'avril. Quant au terrain, on prend grand soin qu'il soit fertile et d'une irrigation facile. Vers le milieu de l'automne, on le passe à la charrue et on l'engraisse avec du fumier d'étable. Au printemps, on le retourne à la bêche ou bien à la houe, et on y mêle du trèfle ou des feuilles de bambou avec de la fumure de poisson ou des huiles de rebut.

On purge le sol des herbes parasites et on l'aplanit; on dérive de toutes parts les rigoles d'irrigation, et, quand leurs eaux ont déposé au fond les parties boueuses qu'elles tiennent en suspension, on sème à la volée, opération délicate et qui demande des mains expérimentées. Lorsqu'elle est accomplie, on fait rentrer l'eau dans les rigoles, en choisissant pour cela un beau jour, de façon que les rayons solaires puissent pénétrer le sol. Pendant une douzaine d'heures, il est laissé à sec, puis arrosé de nouveau. Quand les pousses commencent à surgir, on répand autour d'elles de la fumure de poisson et des huiles de rebut. Quarante-cinq ou cinquante jours après les semailles, on transplante les pousses, et on les réunit par groupes de deux, trois, quatre, cinq, suivant les localités, en laissant de groupe à groupe un espace d'environ deux pieds.

La récolte se fait à la faucille : les tiges sont réunies en gerbes et mises au sec pendant quinze jours; on les engrange ensuite, et, à l'aide d'une sorte de scie, on détache les épis. Ceux-ci se passent alors au crible et s'exposent au soleil. On les vanne ensuite et on les jette sur des paillassons, où ils demeurent quelque temps. On les met au pilon pour séparer les cosses des grains; après quoi on procède à un deuxième vannage, et on écoule les grains par un entonnoir et un plan incliné. Les meilleurs et les plus épais suivent ce plan ; les autres tombent dans un réseau en fil de fer latéral. Enfin, le riz est mesuré et enfermé dans des sacs dont la contenance varie de cinquante à quatre-vingt-dix litres et dont le poids sert de mesure, dans le pays, à la force physique de leurs porteurs.

De la classe 69, où figure le riz, avec le vermicelle et autres pâtes alimentaires, les céréales en grains ou en farines, passons à la classe 72, celle des *viandes et poissons*. Elle renferme des morues et des poissons séchés au soleil, des huîtres marinées dans de l'eau-de-vie de riz, des *friko*, sorte de mollusques séchés, des jambons, du bœuf, du mouton et du porc séchés, des viandes de bœuf, de cerf, de mouton, de porc et des chairs de saumon conservées dans des boîtes. Les Japonais montrent ainsi le désir d'approvisionner eux-mêmes de ces conserves les Européens établis chez eux, qui en font une consommation si énorme qu'on a dit plaisamment que, s'ils disparaissaient jamais de l'Archipel, ils y laisseraient, comme trace de leur passage, une gigantesque pyramide de boîtes étamées. Tout ce qui figure sur leurs tables est, en effet, exotique : la farine vient d'Amérique, le beurre du Danemark, l'huile de Provence, les légumes secs de Bordeaux, le mouton de Chine, les pommes de Californie, les oignons de San-Francisco, les piments de l'Inde, les vins de France, le lait conservé de

Suisse, les conserves de viande, de gibier, de poisson d'un peu partout.

Quant aux Japonais, leur manie d'imitation occidentale s'est arrêtée au train de vie journalier et à la nourriture. Levé fort tard, à sept heures en été et à huit en hiver, le citadin se plonge la tête dans l'eau froide et lisse ses cheveux; puis il absorbe une bonne portion de riz, qu'accompagnent quelques légumes confits dans de la saumure, et se met à sa besogne, non sans l'interrompre pour fumer de temps à autre une petite pipe. Vers midi, il s'administre une nouvelle portion de riz cuit à l'eau, qu'il relève de quelques morceaux de poisson salé et qu'il arrose, comme le matin, de quelques tasses d'un thé fort pâle. Enfin, le soir à sept heures, nouveau plat de riz et nouvelles libations de thé. A ces divers repas, chacun mange de son côté, assis sur des nattes devant un petit plateau sur lequel on lui sert une portion préparée d'avance; un domestique circule autour des convives, l'écuelle d'une main, la cuiller de l'autre, et remplit le bol de chacun, comme en Europe on renouvelle le pain. Dans les jours de gala, on fait circuler le *saki*, sorte de vin ou bière de riz fort alcoolique, dans des coupes de porcelaine minuscules, et les femmes, mais surtout les jeunes filles, sont invitées alors à gratter leurs *samissen*, ou guitares, pour la plus grande satisfaction de leur seigneur et maître et de sa compagnie.

Quant aux desserts, ils se composent, comme partout, de fruits, de gâteaux, de confitures et de sucreries. Le Catalogue officiel nous apprend que les gingembres séchés font partie de ces fruits (classe 73 : *légumes et fruits*) et que l'on consomme là-bas des fruits et des gâteaux conservés dans du miel (classe 74 : *condiments et stimulants; sucre et produits de la confiserie*). Il nous donne à ce propos, pour le dire en passant, une preuve toute particulière du soin qui a présidé à sa rédaction, en associant sous la même rubrique les *céréales*, les *légumes* et les *tabacs* (classe 73). La bévue paraît un peu forte, et c'en est une autre que d'avoir placé le thé dans la classe 75 à côté des boissons fermentées, telles que les bières ordinaires, les vins et les liqueurs qu'expose l'établissement agricole du département de Yamanashi. Quoi qu'il en soit, le thé est une des grandes productions du Japon, et elle vaut bien la peine qu'avant de clore cette étude nous nous y arrêtions un instant.

Ce sont les Chinois qui ont introduit le thé au Japon, et l'on croit que ce fut en l'an 732 de notre ère, quoique l'usage ne s'en soit point généralisé avant les dernières années du douzième siècle. Les districts qui passent pour produire le meilleur sont ceux de Uji, Daïgo et Togana, dans la province de Yamashiro, puis celui de Suruga, dans la province d'Omi; mais il est cultivé sur presque tous les points de l'empire. Les terrains affectant une couleur rougeâtre, légèrement pierreux, ouverts aux vents de l'est et du sud, mais abrités des vents du nord et de l'ouest, sont les plus favorables à la prospérité de l'arbuste. Il recherche une température chaude, quoique tempérée. Il fleurit vers la fin de l'automne, et ses fruits suivent de près. Ces fruits n'arrivent toutefois à maturité complète qu'en hiver, moment où leurs loges éclatent et où les graines qu'elles renferment tombent à terre. On les recueille et on les renferme dans des sacs : c'est ce que les Japonais appellent *ochiko*, et ils regardent les graines ainsi recueillies comme la meilleure semence.

Ces graines sont jetées en terre dans le courant du mois de décembre. Le terrain a été divisé, au préalable, en compartiments chacun de six pieds carrés et se subdivisant en trois portions dans chacune desquelles on creuse des trous mesurant un pied environ de diamètre; on les garnit d'engrais solide, et au bout d'une couple de jours on y répand quelques semences en les recouvrant d'un pouce environ de terreau léger. Les pousses surgissent dès les premiers jours de l'été de la première année. Dans la seconde, on prend grand soin de les garantir du froid, et on les soumet à un engrais liquide, pour revenir l'année d'après à l'engrais solide.

Si la plantation se présente bien, on procède dès lors à la cueillette des fleurs. Le moment de cette opération dépend de la température, mais il convient toujours d'attendre que l'été soit bien prononcé. Cette première cueillette est celle qui fournit le meilleur thé; la seconde et la troisième, celle-ci surtout, ne livrent que des sortes inférieures. Les feuilles sont transportées dans les maisons, où les attendent des chaudrons à moitié remplis d'eau bouillante. On place sur chacun d'eux une sorte de poêle en fer que l'on garnit d'une demi-livre de feuilles; on les agite et on les retourne rapidement à la main, pour qu'elles se torréfient aussi également que possible. On les retire de la plaque de fer avec une spatule, on les étend sur des nattes et on les refroidit avec un éventail. Leur exposition à un feu doux, pendant une nuit, achève leur torréfaction. Alors, on les passe au crible afin de les débarrasser de leurs tiges, et on les soumet à un procédé de nettoyage sommaire, immédiatement suivi d'un triage minutieux.

Après cet ensemble d'opérations, les thés sont soumis une dernière fois à l'action du feu et de nouveau refroidis. Alors on les renferme soit dans des boîtes de bois de cèdre, soit dans des jarres hermétiquement closes, ou bien on les empaquette dans de la paille. On ne les emmagasine d'ailleurs que dans des endroits secs et bien aérés, car l'humidité leur est très-nuisible, et, survient-il quelqu'une de ces brusques variations de température qui ne laissent pas d'être fréquentes en toute saison, on n'oublie pas de les exposer de nouveau au feu, afin de leur conserver toute leur saveur et tout leur arome.

Une variété que les Japonais estiment beaucoup est celle qu'ils désignent sous le nom de *poudre de thé*. Elle provient de la même semence que les thés ordinaires, mais cultivée d'une façon différente et qui développe dans sa feuille plus de consistance et plus de bouquet. La poudre de thé, dont il y a deux sortes, le *koïcha* et l'*usucha*, s'obtient de très-vieux plants choisis dans les terrains ou les plantations les plus favorisés. Ces plants s'arrosent très-libéralement de fumure, dix fois par an pour le *koïcha* et six seulement pour l'*usucha*. Vers la fin de mars ou le commencement d'avril, on les entoure d'une clôture et on les revêt d'une sorte d'armature en bambou, afin de les garer de la gelée. Les feuilles, une fois cueillies, sont soumises pendant une demi-minute à l'action de la vapeur, puis étendues sur des nattes pour refroidir. Elles sont ensuite traitées comme les feuilles ordinaires, à cela près qu'on les remue dans la poêle avec une canne au lieu des mains. Lorsqu'elles sont à moitié torréfiées, on les place sur des traverses, on les expose à un feu doux et on les passe à travers un tamis en bambou ; finalement, on les prend une à une et on les dépose sur des feuilles de papier.

Les plus grandes précautions sont prises pour l'emmagasinement des thés de cette sorte, que l'on enferme dans des vases d'étain ou de métal blanc insérés eux-mêmes dans des boîtes en bois garnies à l'intérieur de feuilles de thé ordinaire. Tous ces soins sont nécessaires pour conserver à cette préparation tout son parfum. Veut-on la convertir en breuvage, on en puise une certaine quantité dans le vase qui la renferme, et on la pulvérise, au moyen d'un petit moulin à bras que l'on meut avec lenteur. La poudre est retirée du moulin avec une plume et déposée dans une jarre bien close; on apporte alors de l'eau bouillante et on la verse dans une théière qui a été garnie d'abord d'un quart d'once environ de poudre. On agite l'infusion d'une main rapide, avec un bâtonnet en bambou *ad hoc*, jusqu'à ce qu'elle mousse, et c'est pour les gourmets le vrai moment d'ingurgiter le liquide.

Depuis quelques années, les thés japonais se substituent de plus en plus aux thés chinois sur le marché américain. Leur exportation représente en moyenne annuelle un poids de 5,025,777 kilos et une valeur de 17,339,000 francs. Les qualités communes ne se vendent pas sur les lieux plus de 2 francs le kilo; mais les belles qualités vont à 3 francs et celles de premier choix à 4 francs.

GROUPE VIII

AGRICULTURE.

Au concours d'animaux vivants, le Japon avait envoyé des chevaux, mais point d'ânes, point de mulets, et cela pour la meilleure des raisons, celle qui, selon Henri IV, dispense de toutes les autres : c'est que, dans ce pays, on ne connaît ni l'âne ni le mulet. Aussi bien n'est-ce pas, tant s'en faut, la seule lacune agricole : si le bœuf y est employé partout aux travaux des champs, le nombre des têtes est insuffisant; de vastes pâturages restent inutiles faute de moutons pour les fertiliser, et aucun effort n'a été tenté jusqu'ici pour l'acclimatation de la chèvre.

L'apathie des Japonais à cet égard, quoique regrettable, s'explique quand on se rappelle qu'ils sont restés isolés chez eux pendant des siècles, et qu'en Europe même le bétail a été considéré longtemps comme un mal nécessaire. Il a fallu Bakewell et ses célèbres expériences au dernier siècle pour convaincre les agriculteurs anglais que le bétail peut se montrer très-productif, en devenant une machine à viande, à lait et à laine sans cesser pour cela d'être une machine à engrais. Bakewell créa tout d'une pièce le type Durham, à jambes grêles, à tête petite, à courtes cornes, à face charnue, et ce type, introduit chez nous, y servit tout d'abord à modifier nos races bovines, jusqu'à ce que nos éleveurs de la Bretagne, de la Flandre et de la Normandie, empruntant à Bakewell lui-même leur nouveau procédé, aient recouru à un choix scrupuleux des reproducteurs nationaux pour l'amélioration des races nationales.

Quand ce n'est point comme animal de boucherie, le mouton est très-précieux pour sa laine. C'est à l'élève du mouton que la Nouvelle-Zélande, la Nouvelle-Galles du Sud et Victoria doivent en grande partie leur merveilleuse prospérité, à l'élève du mouton encore que les immenses plaines des bords de la Plata doivent d'être peuplées à cette heure de 70 millions de bêtes à laine, qui représentent au bas mot une valeur de 700,000,000 de francs. Ce grand peuplement et la transformation du sol qui en a été la suite se sont accomplis dans un espace de moins de trente ans. Avant 1850, le mouton, dont l'introduction à la Plata remontait cependant à trois siècles, n'avait aucune valeur vénale. Il vivait presque à l'état sauvage, traqué comme un fauve; sa laine n'était pas recueillie, sa chair ne figurait sur aucune table, et, si on le tuait, c'était pour employer son cadavre desséché au chauffage des fours à briques. En 1852, des Français eurent l'idée d'acheter des laines de la Plata pour les manufactures du Midi; ils les payèrent longtemps un prix dérisoire : 60 centimes à 1 fr. 25 les 25 livres. Aujourd'hui, ce même poids vaut de 15 à 23 francs, et l'exploitation des laines atteint le chiffre de deux cent cinquante mille à trois cent mille balles par an, du poids de mille livres chacune.

Dans la classe 83 (*insectes utiles et animaux nuisibles*), nous remarquons des gravures de vers à soie, des cocons et des cartons à œufs. A un certain moment, la vente de ces cartons eut une grande activité ; elle représenta en 1873 une quantité de 1,410,000 cartons et une valeur de 15,162,000 francs. La maladie sévissait depuis plusieurs années sur les vers à soie de l'Italie et de la France, et dès 1863 nos éleveurs de vers avaient fait venir du Japon des cartons d'œufs du ver à soie du chêne, le *yama maï*. Mais le nouveau venu ne fut pas respecté par le mal, et cette circonstance vint infirmer la théorie qui avait cours alors sur ses causes et qui l'attribuait à une affection du mûrier lui-même. Chose remarquable, les chenilles sauvages étaient frappées presque aussi rudement que les vers à soie eux-mêmes, et on se trouvait en présence d'une épidémie qui s'attaquait non à une espèce particulière, mais bien à tout le groupe des lépidoptères. Comme explication au moins générale, on eut recours à des circonstances météorologiques, et le savant Babinet invoqua le déplacement des eaux chaudes de l'Atlantique, l'affaiblissement graduel du courant aérien venant du sud-ouest et dominant dans l'Europe occidentale.

enfin le déplacement même de ce grand fleuve atmosphérique qui avait interrompu, en remontant vers le nord, la loi de décroissance de la température du midi au nord.

TABLE DES MATIÈRES

Pages.

Avant-propos.. i

LA CHINE

Introduction sur le gouvernement et la statistique de la Chine... 1

PREMIÈRE PARTIE

Aperçu général de l'histoire de la Chine................. 15
Description géographique de la Chine.................... 57

DEUXIÈME PARTIE

Plan général de l'Exposition................................ 71
Façade nationale de la Chine................................ 85
Groupe I.   Beaux-arts.. 87
Groupe II.   Éducation et enseignement. — Matériel et procédés des arts libéraux............... 89
Groupe III. Mobilier et accessoires...................... 97
Groupe IV.   Tissus, vêtements et accessoires........... 113
Groupe V.   Industries extractives ; produits bruts et ouvrés.................................. 128
Groupe VI.   Outillage et procédés des industries mécaniques................................. 143
Groupe VII. Produits alimentaires....................... 154

LE JAPON.

TABLE DES MATIÈRES

LE JAPON

Introduction sur le gouvernement et la statistique du Japon 1

PREMIÈRE PARTIE

Aperçu général de l'histoire du Japon 11
Description géographique du Japon 51

DEUXIÈME PARTIE

Maison et façade japonaises 67
Groupe I.   Beaux-arts 73
Groupe II.   Éducation et enseignement. — Matériel et procédés des arts libéraux 78
Groupe III.   Mobilier et accessoires 86
Groupe IV.   Tissus, vêtements et accessoires 104
Groupe V.   Industries extractives ; produits bruts et ouvrés 118
Groupe VI.   Outillage et procédés des industries mécaniques 128
Groupe VII.   Produits alimentaires 131
Groupe VIII. Agriculture 141

FIN DE LA TABLE DES MATIÈRES.

Coulommiers. — Imprimerie ALBERT PONSOT et P. BRODARD.